Juan Andrés Bernhardt

W0072640

Humor in der Psychotherapie

Eine Einführung für Therapeuten
und Klienten

Beltz Verlag · Weinheim und Basel 1985

Über den Autor:
Juan Andrés Bernhardt, Jahrgang 1948, Diplom-Ingenieur und Diplom-Psychologe, ist Psychotherapeut sowie Lehrbeauftragter für Klinische Psychologie an der TU Berlin.

CIP-Kurztitelaufnahme der Deutschen Bibliothek

Bernhardt, Juan Andrés:
Humor in der Psychotherapie: e. Einf. für Therapeuten u. Klienten / Juan Andrés Bernhardt. – Weinheim; Basel: Beltz, 1985.
   ISBN 3-407-54664-5

Alle Rechte, insbesondere das Recht der Vervielfältigung und Verbreitung sowie der Übersetzung, vorbehalten. Kein Teil des Werkes darf in irgendeiner Form (durch Photokopie, Mikrofilm oder ein anderes Verfahren) ohne schriftliche Genehmigung des Verlages reproduziert oder unter Verwendung elektronischer Systeme verarbeitet, vervielfältigt oder verbreitet werden.

© 1985 Beltz Verlag · Weinheim und Basel
Satz: Schreibbüro Schneider, Heidelberg
Druck und Bindung: Beltz Offsetdruck, 6944 Hemsbach über Weinheim
Umschlaggestaltung: Atelier Warminski, 6470 Büdingen 8
Printed in Germany

ISBN 3 407 54664 5

Inhaltsverzeichnis

*Bücher über Psychotherapie sind das
Humorloseste, was ich je gelesen habe.*
(Bernard Steinzor)

Einleitung: Warum und was ich schreibe

Anything that's worth doing
is worth doing badly.
(Oscar Wilde)

Schon in einer der ersten therapeutischen Kleingruppen, die ich vor einigen Jahren als Klient besuchte, fiel mir nach kurzer Zeit auf, daß in den Sitzungen jeglicher Humor fehlte. Ich lernte dann im Laufe der Jahre mehrere Therapieformen kennen und stellte fest, daß es zwar den Humor in der Psychotherapie *gibt*, er aber eher *selten* vorkommt und nicht besonders gefragt ist. Er ist auch nicht Gegenstand der Erörterungen in den einschlägigen Büchern.

Mir aber fällt es schwer, in meiner Praxis als Einzel- und Gruppentherapeut, Lehrbeauftragter, Volkshochschuldozent oder einfach als Klient, den Humor ‚zu Hause zu lassen‘. Bringe ich jedoch eine spaßhafte Bemerkung in das Gespräch ein, so tue ich es selten mit dem sicheren Gefühl, daß der Scherz angebracht ist. So begleitet mich die Frage der Bedeutung und der Berechtigung von Humor in der Psychotherapie seit langer Zeit, und es hat mich gefreut, mich mit dem Thema eingehend zu beschäftigen.

Mein Ziel in diesem Buch war es, den Stellenwert des Humors in der Psychotherapie zu erforschen. Anfangs erwartete ich, nicht viel Literatur zu meinem Thema zu finden, von Freuds „Der Witz und seine Beziehung zum Unbewußten" oder Bergsons „Das Lachen" abgesehen. Bei meiner Suche nach Literatur traf ich jedoch auf eine erkleckliche Anzahl Arbeiten aus den USA, wo sich die verschiedenen psychotherapeutischen Schulen seit Anfang der 70er Jahre eingehend mit dem Humor befassen. Reichhaltiges Material stand mir somit zur Verfügung.

Ich ging nun an die Arbeit und untersuchte, was unter Humor zu verstehen ist und wie er bisher erforscht wurde. Ich stellte fest, daß es keine einheitliche Definition von Humor gibt. Überdies erfolgt selten eine deutliche Abgrenzung zu anderen Begriffen wie ‚Witz‘ und ‚Ironie‘. Daher befasse ich mich im ersten Teil meines Buches mit einer Begriffsklärung des Humors und anderer für das Thema wichtiger Ausdrücke.

Auch die Erforschung des Humors, das konnte ich bald erkennen, verläuft nicht einheitlich: Eine naturwissenschaftliche und eine geisteswissenschaftliche Richtung wurden — und werden — eingeschlagen. Welche Methode ist aber im Hinblick auf den Humor in der Psychotherapie angebracht? Die Antwort möchte ich vorwegnehmen: Die gesamte Literatur zum Humor *in der Psychotherapie* geht in ihren Darlegungen der geisteswissenschaftlichen Forschungsrichtung nach. Warum das so ist, erläutere ich im 2. Teil meines Buches, dessen Abschluß eine phänomenologische Darstellung des Humors bildet.

Im Teil III beschäftige ich mich mit den vier großen psychotherapeutischen Richtungen — Psychoanalyse, Individualpsychologie, Behaviorismus und Humanistische Psychologie — und untersuche ihre theoretischen Aussagen zum Humor sowie ihre Überlegungen zur Bedeutung des Humors in der Psychotherapie. Im IV. Teil widme ich mich der Sozialpsychologie, die sich in vielen Arbeiten mit dem Thema Humor befaßt; ich untersuche die Bedeutung ihrer Ergebnisse für die psychotherapeutische Situation. Eine Einschätzung der besprochenen Theorien bildet Teil V. In Form von Thesen stelle ich die Möglichkeiten, Vorteile und Gefahren therapeutischen Humors dar.

Zwei Hinweise zur Lektüre seien noch gegeben. Der erste betrifft die Beispiele für therapeutischen Humor. Es handelt sich hierbei um *spontanen* Humor, und es ist nicht einfach, die Atmosphäre, das im Dialog Unausgesprochene, die emotionale Bindung oder Distanz zwischen Therapeut und Klient, kurz: die *Gesamtheit* der Situation wiederzugeben. Ich glaube, dieses Problem in meiner Arbeit gut bewältigt zu haben, bitte jedoch den (die) Leser(in), der (die) an dieser oder jener Stelle Mühe hat, sich in den Humor einer beschriebenen Situation einzufühlen, die erwähnten Schwierigkeiten zu bedenken. (Die Erläuterung der Begriffe ,spontaner Humor' und ,formaler Humor' erfolgt im Kapitel 11).

Der zweite Hinweis ist eher formaler Art und betrifft die zum größten Teil nur in Englisch vorhandene Literatur. Die daraus entnommenen Texte habe ich ins Deutsche übersetzt, ohne bei jeder Zitatangabe ,Übers. d. Verf.' zu schreiben. Der (die) interessierte Leser(in) kann an Hand der Bibliographie feststellen, in welcher Sprache der betreffende Aufsatz verfaßt ist.

Ich hatte — mit Ausnahme der letzten drei bis vier Wochen, in denen der Streß fast über meinen Humor siegte — viel Spaß an der Erstellung dieses Buches. In dieser Hinsicht bin ich ein Dilettant im ursprünglichen Sinn des Wortes: einer, der sich an der künstlerischen und wissenschaftlichen Arbeit erfreut. Ich hoffe, dem (der) Leser(in) etwas von meiner Freude an der Erforschung des Humors in der Psychotherapie vermitteln zu können.

Ich danke Prof. Dr. Eva Jaeggi und Prof. Dr. Josef Rattner — mit ihrem Wissen, Ideen und Vorschlägen, mit Ermutigung und nicht zuletzt mit Humor haben sie mich immer wieder bei der Erstellung dieses Buches unterstützt.

Ich danke auch denen, die mir in der mühevollen Kleinarbeit der Besprechung einzelner Kapitel und bei der Manuskriptkorrektur geholfen haben: Horst Fellenberg, Sabine Jordan, Ulrich Kirchhoff, Friedrich Lahmann, Guntrun Lechner, Klaus Nicklitz und Angelika Schmeil.

I. Begriffsklärung: Was bedeutet was?

Humor ist die Schwimmweste
des Lebens.
(Persönliche Mitteilung)

„Humor ist, wenn man trotzdem lacht." Ob das wohl stimmt? Jedenfalls kommt dieser Aphorismus von Bierbaum jedem in den Sinn, mit dem ich mich über Humor unterhalte. Sehr schnell stellt sich dann im Laufe des Gesprächs heraus, daß es schwer ist, zwischen Humor und Begriffen wie Witze, Lachen, Komik, Ironie usw. zu unterscheiden. Die Bedeutung einiger dieser Begriffe für mein Thema erläutere ich in den nächsten Abschnitten. Hierbei betrachte ich bei vielen nur einige Aspekte, die wichtig sind; andere werden im phänomenologischen Teil des Buches — dem Kapitel 6 — beleuchtet, sofern sie für meine Zwecke von Bedeutung sind.

Kapitel 1
Humor

Definitionen erfordern Beispiele. Ich übernehme eines von W. Lauer, der mit ihm „ein wenig in Stil, Atmosphäre und Gedankenwelt des Humors" einführen möchte. Er wählt aus Laurence Sternes „Tristram Shandy" den Absatz, in dem der junge Shandy berichtet, wie sein Onkel, ein pensionierter Offizier, mit einer lästigen Stubenfliege umgeht:

„Onkel Toby hatte kaum das Herz, an einer Fliege Rache zu üben. Geh! sprach er eines Tages bei Tische zu einem großen Brummer, der ihm während des Essens um die Nase herumgesummt war und ihn arg gequält hatte und den er nun nach vielen vergeblichen Versuchen endlich im Fluge erhascht hatte — ich will dir nicht wehe tun, sprach Onkel Toby, indem er vom Sessel aufstand und mit der Fliege in der geschlossenen Hand das Zimmer durchschritt — und ich will dir nicht ein einziges Härchen ausreißen aus deinem Kopf. Flieg! rief er, das Fenster aufschließend und die Hand öffnend, um sie wegfliegen zu lassen, flieg, armes kleines Wesen, mach dich auf und davon! Warum soll ich dir wehe tun? Die Welt ist sicherlich groß genug für uns beide"[1].

Haben Sie, verehrte Leserin, verehrter Leser, gelacht? Vermutlich haben Sie gelächelt. So möchte ich auch den Bierbaumschen Aphorismus umwandeln in: „Humor ist, wenn man trotzdem *lächelt*". Das mag zunächst pingelig klingen, doch im Laufe meiner Arbeit wird sich immer deutlicher herausstellen, daß das Lächeln dem Humor wesensverwandter ist als das Lachen. Diese Meinung wird auch von Freud vertreten, der hierzu schreibt, daß „die humoristische Lust ... sich niemals im herzhaften Lachen ausgibt"[2].

Gehen wir aber der Reihe nach und betrachten die Etymologie des Wortes: Humor bedeutet im Lateinischen Flüssigkeit. Die Medizin der Antike (und auch des Mittelalters), vertreten durch Hippokrates und Galen, ordnete die Temperamente des Menschen der Mitschung seiner Körpersäfte zu. Der Körper besaß vier ‚Humores‘: Melancholia (gr.-lat.: schwarze Galle), Cholé (gr.: Galle), Phlegma (gr.-lat.: Brand, Hitze; seit Hippokrates Bezeichnung für Körperschleim) und Sanguis (lat.: Blut). Der ideale Mensch besaß eine gut abgewogene Mischung aus diesen Körpersäften. Überwog hingegen einer der Humores, so entwickelten sich vier Temperamentsformen, von denen uns heute noch drei sehr geläufig sind: der Melancholiker war tiefgründig und schwermütig, antriebsschwach, pessimistisch; der Choleriker heftig, unbefriedigt, reizbar und jähzornig; der Phlegmatiker schwer ansprechbar, kaltblütig, ruhig, langsam und schwerfällig; der Sanguiniker schließlich war leicht ansprechbar, leichtblütig und lebhaft. Das Überwiegen einer der Körperflüssigkeiten führte allerdings — nach damaliger Vorstellung — zu weit mehr Eigenschaften als den hier aufgezählten: z.B. geriet der Choleriker nicht nur leicht in Aufwallung; er war auch gelbgesichtig, mager, behaart, stolz, ehrgeizig, rachsüchtig und schlau.

Die Bedeutung des Wortes ‚Humor‘ entwickelte sich im Laufe der Zeit sowohl im Englischen als auch im Französischen in zwei Richtungen. Eine Bedeutung ist ‚Stimmung‘, ‚Laune‘. So sagt man im Englischen: He is good-humoured; he is bad humoured — und ähnlich im Französischen (wo allerdings zwischen ‚humeur‘ = Laune und ‚humour‘ = Humor unterschieden wird). Die zweite Bedeutung ist die, die sich auch auf den deutschen Sprachraum übertragen hat. Humor ist demnach eine menschliche Haltung, die „in allem Wirklichen, auch wenn es unbedeutend und widrig ist, das Bedeutsame oder doch Liebenswerte erkennt"[3]. Im Humor ist „eine Heiterkeit, die von Gedanken unbeschwert ist. (...) Aus der Realität vermag der Humor Frohsinn zu gewinnen. (...) Den menschlichen Schwächen, den Schwierigkeiten des menschlichen Daseins bringt der Humor ein wohlwollend-verständnisvolles Lächeln entgegen"[4]. Jemand mit Humor hat also eine Einstellung zum Leben, „die die Menschen und menschlichen Verhältnisse, aber auch sich selbst in den Schwächen und Unzulänglichkeiten irdischen Daseins durchschaut, liebevoll versteht und verzeiht"[5]. Diese Bedeutung des Wortes ‚Humor‘ — eine lächelnde Lebenshaltung — finden wir in den Enzyklopädien verschiedener Sprachen; sie beschreiben den Humor als anzustrebenden Wert.

Im allgemeinen Sprachgebrauch wird dem Humor jedoch nicht die Bedeutung dieser anzustrebenden menschlichen Qualität vorbehalten: „Gewöhnlich versteht ‚man‘ unter Humor so etwa alles zwischen Witz und Spott, zwischen Clownerie und Spaß"[6]. Oder, wie sich die Encyclopaedia Britannica ausdrückt: Auf der schlechtesten Stufe ist die Bedeutung von Humor „ein Pudding aus bedeutungsloser Groteskerie und billiger Emotionalität". Ein sehr weitgefaßter Humorbegriff wird auch in unzähligen wissenschaftlichen Publikationen verwendet: „Vom Klamauk über das Geblödel zum lyrischen Humor und zur Satire reicht die Spannweite"[7].

Ich werde in meinen Betrachtungen zunächst den Begriff ‚Humor' in der Bedeutung der oben beschriebenen Lebenshaltung verwenden und kann mich hierbei auf eine ganze Reihe von Psychologen und Psychotherapeuten berufen, die eine ähnliche Vorstellung haben. So schreibt Mindess, daß der „Humor, der es verdient, als ‚therapeutisch' bezeichnet zu werden, nicht die Art Humor ist, die wir von unseren Fernsehern aufsaugen ... Er muß einen geistigen Rahmen, einen Standpunkt, eine tiefgehende, weitreichende Haltung zum Leben darstellen"[8]. Strotzka sieht im Humor die „Fähigkeit zum verstehenden Lächeln", wobei „die humorvolle Einstellung zu sich und zur Umgebung dem Menschen sein eigenes Leben leichter macht, ihn liebenswerter erscheinen und Spannungen in zwischenmenschlichen Beziehungen leichter lösen läßt"[9].

Kapitel 2
Sinnverwandte Begriffe

Ironie

Die Ironie ist eine Ausdrucksform, die wir mehr oder minder häufig in der alltäglichen Kommunikation vorfinden. Als eine mögliche Ausdrucksform des humor-vollen Menschen soll sie hier hervorgehoben werden.

In erster Linie ist Ironie eine Redeweise, bei der das Gegenteil des ausgesprochenen Wortlauts gemeint ist. Die Ironie stellt das, worauf sie gerichtet ist, in Frage.

Als *rhetorisches Mittel* finden wir Ironie dort, wo der Sprecher Werturteile der Zuhörer oder seiner Umwelt nicht teilt und sie daher übertreibt, überzieht. Diese Form der Ironie ist fast immer aggressiv; ein Beispiel für diese Form der Ironie finden wir in der berühmten Rede des Antonius in Shakespeares ‚Julius Cäsar‘.

Im Rahmen dieses Themas interessiert allerdings weitaus mehr die Ironie als *didaktisches Kommunikationsmittel*. Durch bewußt ausgesprochene falsche oder fragwürdige Wertvorstellungen, durch fragende Unwissenheit oder logische Fehlschlüsse soll im Zuhörer eine ‚positive Erkenntnisanstrengung‘ provoziert werden. Diese von Sokrates ausgiebig angewandte — und daher ‚sokratische Ironie‘ genannte — Methode bringt oft auch eine Selbstironisierung des Erziehenden mit sich. In dieser Form angewandt ist Ironie nicht unbedingt aggressiv, allerdings auch nicht versöhnlich, sondern kritisch und korrigierend.

Die Begriffe *Spott, Hohn, Sarkasmus* sind zwar in der Nähe der Ironie anzusiedeln, bezeichnen aber aggressive Äußerungsformen oder Haltungen, die sich somit der aggressiven Ironie als Ausdrucksform bedienen. Sie gehören nicht zum humor-vollen Menschen. Dieser wird eher nicht-aggressive Ironie in seiner Kommunikation anwenden.

Witz

Das Wort ‚Witz‘ hat im Deutschen zwei Bedeutungen. Als belustigend pointierte Anekdote ist ein Witz eine spezifische Form des Komischen. Im Gegensatz zu ‚einem Witz‘ bedeutet ‚Witz‘ auch Geist, Talent zum geistreich-witzigen Formulieren, zur geistreichen Schlagfertigkeit. Die Doppeldeutigkeit in unserem Sprachraum führt zu nicht unbedeutenden Mißverständnissen. So hieß die Übersetzung von Freuds „Der Witz und seine Beziehung zum Unbewußten" in der ersten englischen Fassung (von A.A. Brill): „Wit and its Relation to the Unconscious"; es dauerte mehrere Jahrzehnte, bis dieser offensichtliche Fehler in einer zweiten Übersetzung von James Strachey korrigiert wurde; nun lautet der Titel „Jokes and Their Relation to the Unconscious". Diese Verwechslung spiegelt sich in einigen Veröffentlichungen wider, in denen Witze erzählen können und geistreich sein als dasselbe angesehen werden. Über ein- und denselben Witz kann nicht jeder lachen. Diese für die Therapie nicht unbedeutende Tatsache ist in der folgenden Karikatur veranschaulicht (nächste Seite).

Lächeln und Lachen

Lächeln und Lachen finden wir beim humorvollen Menschen oft, wie auch in der Reaktion anderer auf diesen.

Die beobachtbaren und physiologischen Komponenten des Lächelns und Lachens sind bereits bis ins Detail beschrieben worden (Darwin gehörte hier zu den Pionieren). „Wir überlassen es den Physiologen, zu besprechen, was sich abspielt", um mit Bateson[1] zu sprechen, denn letztlich handelt es sich um Erscheinungen, die wir alle auch so erkennen.

Ich möchte an dieser Stelle die Frage näher betrachten, was ein Mensch ausdrückt, wenn er lächelt oder lacht. Lächeln und Lachen sind Formen averbaler oder — nach Watzlawick — analoger Kommunikation. Diese Form der Kommunikation tritt fast ausschließlich im Beziehungsaspekt der zwischenmenschlichen Mitteilungen auf. Hinzu kommt, daß „analoge Mitteilungen" eine „merkwürdige Doppelbedeutung haben"[2]. Der Kommunikationsempfänger muß entscheiden, welche Bedeutung die jeweilige Botschaft haben soll. Diese Tatsache besitzt volle Gültigkeit für das Lächeln und Lachen.

So kann Lächeln nach Plessner „Ausdruck von und Geste für sehr verschiedene Gefühle, Gesinnungen, Haltungen, Umgangsweisen und Zustände wie Höflichkeit, Unbeholfenheit, Überlegenheit und Verlegenheit, Mitleid, Verständnis, Nachsicht, Dummheit und Gescheitheit, Milde und Ironie, Unergründlichkeit und Offenheit, Abwehr und Lockung, Staunen und Wiedererkennen" sowie schließlich „Geste der Maske (keep smiling) als repräsentative Gebärde schlechthin sein"[3]. Ähnliches gilt für das Lachen, das von vielen Autoren als eng „mit dem Lächeln verbunden" angesehen wird[4]. Kaum eine der erwähnten Interpretationsmöglichkeiten scheidet für das Lachen eines Menschen aus. Man denke hier nur an den Unterschied zwischen freudigem und ‚sardonischem' Lachen.

Die Eigenschaft von Lächeln und Lachen, keine eindeutige inhaltliche Mitteilung darzustellen, hat Bedeutung sowohl für die psychologische Forschung als auch für die therapeutische Praxis.

Meine Erläuterung sinnverwandter Begriffe würde ich gern fortsetzen — und dies nicht ohne Grund. Zunächst leuchtet es z.B. nicht ein, daß die Parodie (als eine Form komischen Theaters) etwas mit Psychotherapie zu tun hat. Aber ist nicht möglicherweise das Spiegeln bestimmter Körperbewegungen oder des Tonfalls in der Gestalttherapie eine Parodie? So ließen sich noch andere für die Psychotherapie bedeutungsvolle Begriffe in der Nachbarschaft des Humors finden: Ich nenne allein die Freude. Ich will jedoch meine Darlegungen nicht ausufern lassen und widme mich daher jetzt dem, was die Psychologie mit dem Humor anfängt.

II. Die Erforschung des Humors zwischen Natur- und Geisteswissenschaften

Ich habe mich bei den Vorstudien zu diesem Buch mit dem, was die Forscher mit dem Humor ‚anstellen‘, befaßt. Die Ergebnisse meiner Lektüre sind in diesem Teil niedergeschrieben. Das braucht nicht jeden zu interessieren. Wer einige Seiten überschlagen möchte, dem empfehle ich, bei Kapitel 6 weiterzulesen: dort erfolgt eine phänomenologische Beschreibung des humor-vollen Menschen, die eine gute Grundlage für die Kapitel über den Humor in der Psychotherapie bildet.

Kapitel 3
Experimentelle Untersuchungen

Statistical studies tell
us less and less about
fewer and fewer things.
(Harold Greenwald)

Im Jahre 1957 veröffentlichte D. Byrne eine Dissertation zum Thema „Reaktion auf Humor als Funktion von Antriebserregung und psychologischer Abwehr". Er kam zu Doktorehren und so auch J.F. Strickland, der zur gleichen Zeit über „fast dasselbe Thema promovierte"[1]. Byrne stellte nach kurzer Zeit fest, daß sie zu entgegengesetzten Ergebnissen gekommen waren. Der eine zog den Schluß, daß die Bevorzugung bestimmter Humor-Formen von der Motivationserregung abhängt, der andere, daß sie hiervon nicht abhängt. Byrne setzte sich mit diesen Ergebnissen auseinander und stellte in einem ‚genauen‘ Vergleich fest, daß die Versuchsbedingungen nicht dieselben waren. Er schließt mit der Bemerkung: „Zusätzliche Forschungsarbeit wird notwendig sein, um die Faktoren herauszufiltern, die eine bestimmte Humorreaktion hervorrufen. Leider sind Stricklands Ergebnisse mit Vorbehalt zu betrachten, bis weitere Untersuchunen vorgenommen wurden"[2].

Hier ist nicht nur anzumerken, daß Byrne nach dem Motto ‚Angriff ist die beste Verteidigung‘ einfach so tut, als ob nur Stricklands Ergebnisse infrage zu stellen sind. Darüber hinaus stelle ich fest, daß sich die beiden Wissenschaftler in einem für die heutige Experimentalpsychologie sehr typischen Dilemma befinden. Ich beschränke mich hier auf diejenigen Experimente, die den Humor betreffen. Diese haben in der Zahl stetig zugenommen (da es in dieses Kapitel paßt, folgt eine kleine Graphik; für Signifikanzberechnungen ist die Datenerfassung leider zu grob).

Wie sieht die experimentelle Erforschung des Humors aus? Nach einigen sporadischen Untersuchungen in den 20er und 30er Jahren wurden mehrere Tests zur Feststellung der Reaktion auf ‚Humor‘ entwickelt[4]. Das Prinzip ist stets dasselbe: Man lege der Versuchs-

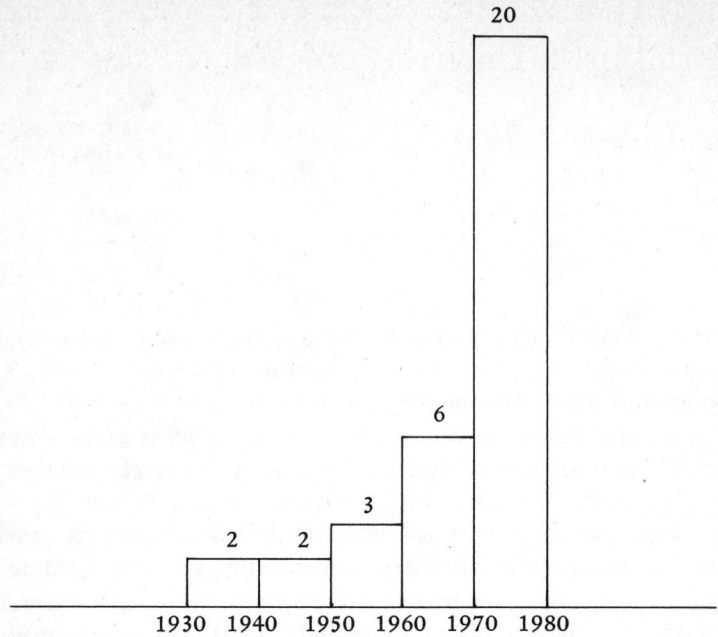

Zahl der jährlich durchgeführten Experimente zum Humor in den letzten 5 Jahrzehnten.[3]

person eine Reihe von Karikaturen oder Witzen vor und lasse sie anhand einer Rating-Liste feststellen, ob der jeweilige Witz ‚äußerst komisch', ‚sehr komisch', ‚komisch', ‚neutral' usw. ist. Oder man lasse Beobachter feststellen, ob die Versuchsperson ‚sich schüttelt vor lachen', ‚stark lacht' usw. Alsdann werte man diese Skalierungen aus.

Der Entwicklung dieser ‚Humor-Response-Tests' folgte eine Flut von Forschungen, die ich als ‚Korrelationsexperimente' bezeichnen möchte: Es wurde untersucht,

— mit welchen Persönlichkeitsmerkmalen die Reaktion auf solche Karikaturen korreliert[5];
— unter welchen vorangehenden Umständen ‚Humor nicht verstanden wird'[6];
— ob eher die Körpergröße oder eher das -gewicht Hinweise auf einen ‚Sinn für Humor' geben[7];

— ob die Reaktion auf Humor mit Depressivität oder Suizidneigung korreliert (mit welchem bedeutungsvollen Ereignis? Sie korrelieren negativ!)[8].

Die Liste dieser ‚Korrelationsexperimente' ließe sich noch beliebig erweitern. Durch solche Pannen wie die von Byrne und Strickland ließ sich keiner beirren.

Es ließ sich auch kaum jemand von einer Publikation E. Babads beirren, in der angezweifelt wird, ob ‚Humor Appreciation Tests' oder ‚Humor Response Tests' überhaupt eine valide Form der Untersuchung von Humor darstellen[9]. Babad kritisiert zwei Gesichtspunkte der Humor-Messung: Erstens wird Humor immer in Form passiver Einschätzung operationalisiert; zweitens wird Humor durch einen Test gemessen. Seinen zweiten Einwand erläutert Babad wie folgt: „Humor entsteht und wird gebraucht in entspannter sozialer Atmosphäre und ist grundsätzlich dem Testlabor fremd"[10]. In seiner Untersuchung wendete er soziometrische Methoden an. Studentinnen einer Frauen-Fachhochschule wurden aufgefordert, in ausgeteilte Fragebögen diejenigen Kommilitoninnen einzutragen, die ihrer Ansicht nach den Kategorien „nicht humorvoll", „passiv humorvoll", „schöpferisch humorvoll" oder „wiedergebend humorvoll" zuzuordnen waren. Die Personen, die *ausschließlich* einer Kategorie zugeordnet wurden, unterzog man einem ‚Humor-Response-Test' der beschriebenen Art; zusätzlich wurden Kreativitäts- und Persönlichkeitstests durchgeführt, um einige der o.a. ‚Korrelationsexperimente' zu überprüfen. Babad kommt zu folgenden Ergebnissen:

Jan Tomaschoff

- Weder durch Humor-Response-Tests noch durch Kreativitäts-tests lassen sich die soziometrisch ermittelten Personengruppen der verschiedenen Humor-Kategorien statistisch signifikant voneinander unterscheiden.
- Nach den Ergebnissen der Tests müßten humor-volle Personen besonders autoritär sein (!).
- Im Gegensatz zur soziometrischen Methode ergibt die Testmethode eine positive und signifikante Korrelation zwischen Humor und Angst bzw. Introversion.

Babad folgert aus diesen Ergebnissen, daß Humor-Tests ungeeignet für eine Evaluation von Humor sind: „... wenn sich Individuen, die von ihren Mitmenschen übereinstimmend als humorlos eingeschätzt werden, durch Humor-Tests nicht von solchen Personen unterscheiden lassen, die als witzig und lustig eingestuft werden, dann sind Humor-Tests nicht ernsthaft als eine valide Messung des Sinns für Humor anzusehen. Die Feststellung, daß einige der Humor-Test-Ergebnisse positiv mit Introversion und Angst korrelieren, widerspricht nicht nur der Analyse der soziometrischen Erhebung, sondern auch anderen empirischen Befunden und dem *gesunden Menschenverstand*"[11].

Nehmen wir nun an, Babads Studie hätte Einfluß auf die Erforschung des Humors. Ließe sich dann sagen: Wer den Humor untersuchen möchte, der führe eine soziometrische Erhebung durch? Zwei Gründe gibt es, auch Babads Methode anzuzweifeln.

Der erste Grund betrifft die praktische Verwendbarkeit der Untersuchung: In Babads Studie fand man in einer Population von 1816 Personen nur 81, die *ausschließlich einer Kategorie* zugeordnet werden konnten. Mit diesen 81 Personen wurde die Untersuchung durchgeführt, das sind ca. 4,5% der Population. Was ist letztlich damit gewonnen? War die Untersuchung repräsentativ, so sind 95,5% der Menschen, mit denen wir es zu tun haben, *nicht ausschließlich einer dieser Kategorien* zuzuordnen. Die Ergebnisse sind somit für die Praxis irrelevant.

Der zweite Grund betrifft die Frage, ob überhaupt Humor erfaßt wurde. In Babads Fragebögen wurde eine humorvolle Person in folgender Form definiert:

„Schöpferisch humorvoll; erfindet Humor; denkt sich Witze oder lustige Geschichten aus oder läßt komische Situationen entstehen"[12].

Diese Definition entspricht nicht dem von mir im Kapitel 1 dargestellten Humor, sondern bewegt sich im Bereich des ‚Witzemachens‘.
Es ist sehr zu bezweifeln, ob solche Personen tatsächlich über Humor
verfügen.

Meine Zweifel werden von vielen Psychologen geteilt, die auf
dem Gebiet des Humors geforscht haben. So meint Strotzka, daß
„die meisten Laborexperimente der akademischen Psychologie blaß
und lebensfern sind"[13]. Auch Rosenthal betont, daß die Analyse verschiedener Arten von sogenanntem ‚humoristischen Verhalten‘ eine
Komplexität enthüllt, die „eher eine flexible, kritische Annäherung
erfordert, als die reduktionistischen Herangehensweisen, die einen
großen Teil der heutigen Literatur kennzeichnen"[14]. Pustel kritisiert, daß die „tieferliegende Psychodynamik bei den meisten experimentellen Humor-Studien nicht berücksichtigt wurde"[15]. Jedoch
stellen diese Autoren ein experimentelles Design auf psychoanalytischer Basis her, bei dem wieder Humor und Witzemachen ‚konfun-
diert‘ werden.

Schließlich weisen Nussbaum und Michaux — wohl ungewollt —
auf die Schwierigkeiten bei der statistischen Evaluation solcher Experimente hin. In ihrer Untersuchung über Humor-Response als Prä-
diktor und Evaluator für die Veränderung depressiver Zustände legen
sie erst die (für eine praktische Anwendung absolut unzureichenden)
Ergebnisse vor, um dann einige „klinische Betrachtungen" anzufü-
gen: Bei der Versuchsperson „Nr. 17" (!), einer 60 Jahre alten
Frau, führte ein harmloser Witz zu einer bemerkenswerten Reaktion.
Der Witz handelt von Fritzchen, der sich für sein unpünktliches Erscheinen in der Schule entschuldigt: Als er zur Schule geeilt sei,
habe ein Mann ein Markstück verloren. Der Lehrer fragt ihn, was
das mit seinem Zuspätkommen zu tun habe. Klein Fritzchen ant-
wortet hierauf: Herr Lehrer, ich hatte meinen Fuß drauf.

Die Patientin hörte sich den Witz an und sagte „mit trauriger
Stimme und ohne eine Miene zu verziehen: ‚Ich weiß, daß ich eine
Diebin bin‘ ... Das projektive Element in ihrer Reaktion auf den Witz
ist eindeutig"[16].

Es fragt sich, ob angesichts solcher Beispiele statistische Ergebnisse für die klinische Praxis brauchbar sind. Ist es nicht wichtiger,
anhand konkreter Erfahrungsberichte zu lernen, wie man sich als
Helfender angemessen auf seinen Klienten einstellt?

So sind wir an einem Punkt angelangt, wo wir feststellen müssen, daß experimentelle wie soziometrische Untersuchungen des

Humors entweder ihren eigenen Anforderungen an Objektivität, Validität und Reliabilität nicht genügen oder in ihren Ergebnissen irrelevant für die klinische Praxis sind.

Wir stehen hier allerdings vor einem weit über die Erforschung des Humors hinaus reichendes Problem: Innerhalb weniger Seiten sind wir in *die* wissenschaftstheoretische Diskussion der Psychologie ‚hineingerutscht‘: Sollte die psychologische Forschung geisteswissenschaftlich oder naturwissenschaftlich vorgehen?

Weil ich diese Frage im Zusammenhang mit meinem Humor-Thema wichtig finde und weil ich zu einer nicht-experimentellen Erforschung des Humors überleiten möchte, gehe ich auf die wissenschaftstheoretische Diskussion genauer ein.

Kapitel 4
Naturwissenschaft als Grundlage
experimenteller Untersuchungen

Die Naturwissenschaften bedienen sich der empirisch-analytischen Methode. Der Gegenstand der Untersuchung wird in einzelne Bestandteile zerlegt, diese werden in quantifizierbaren Merkmalen erfaßt und die Beziehung der Bestandteile zueinander betrachtet sowie mathematisch beschrieben. Es geht also um die quantitative Beschreibung sowie um die Aufstellung mathematischer Gesetze über Zusammenhänge, die man als kausal oder funktional bezeichnen kann. Nach Habermas[1] verfolgt die naturwissenschaftliche Forschung ein *technisches Erkenntnisinteresse*: Die technische Verwertbarkeit der Forschungsergebnisse ist das Ziel der Untersuchungen. Hierzu lassen sich beliebig viele Beispiele anführen. Ist z.B. die Mischung aus ganz bestimmten Gewichtsanteilen von Zement, Sand, Kies und Wasser bestimmter Qualität vorgegeben, wobei diese Mischung unter bestimmten Temperaturverhältnissen erfolgen muß; wird diese Mischung innerhalb einer bestimmten Zeitfrist in eine rechteckige Plattenform gegeben, die eine bestimmte Anordnung von Stahlstäben enthält, so entsteht eine Stahlbetondecke. Bei den vorgegebenen Bedingungen, die alle quantifiziert sind (auch die Qualität ist quantifiziert!), gewährleistet uns die naturwissenschaftliche Forschung, daß diese Decke eine maximale Belastung bestimmter Art aufnehmen kann, ohne zusammenzustürzen – die Erklärung von Ausnahmen wie die der Kongreßhalle in Berlin würde hier zu weit führen ...

Die Merkmale naturwissenschaftlichen Vorgehens seien hier kurz aufgezählt:

— Die Naturwissenschaften gehen *analytisch* vor, d.h. der zu untersuchende Gegenstand wird „in einzelne Bestandteile aufgelöst und die Beziehungen dieser Bestandteile untereinander betrachtet"[2].

- Naturwissenschaft will *objektiv* sein, d.h. die Untersuchung eines Gegenstandes soll so erfolgen, daß persönlich bedingte Faktoren ausgeschlossen sind.
- Ziel der naturwissenschaftlichen Forschung ist die *Quantifizierbarkeit* von Merkmalen sowie die Erstellung von *Kausalzusammenhängen* zwischen diesen, die mathematisch beschrieben werden können.
- Die Naturwissenschaften gehen *deduktiv* und *induktiv* vor, um Gesetze zu formulieren und herzuleiten.
- Naturwissenschaftliche Forschung zielt auf allgemeingültige Erscheinungen und nicht so sehr auf einzigartige Phänomene.
- Die naturwissenschaftliche Forschung bedient sich der Beobachtung, insbesondere aber des Experiments, um aufgestellte Hypothesen zu beweisen bzw. Gesetzmäßigkeiten herauszufinden. Die Durchführung von Experimenten und Beobachtungen geschieht unter streng kontrollierten Bedingungen.

Daß die Bedingungen, denen sich die Naturwissenschaftler in ihrer Forschung unterordnen, eine Einschränkung des Forschungsbereiches bewirken, liegt auf der Hand — und ist im übrigen für Naturwissenschaftler eine Selbstverständlichkeit: ,,Nicht alles, was der Mensch in seiner Existenz tatsächlich vorfindet, muß auch Objekt der wissenschaftlichen Forschung sein. Vielmehr ist der Bereich dessen, was Gegenstand der Wissenschaft sein kann, grundsätzlich beschränkt. Und zwar beschränkt auf diejenigen Gegenstände, welche durch die von der analytischen Wissenschaft in bestimmter Weise definierten Werkzeuge der Wissenschaft überhaupt nur erfaßbar sind"[3].

Die experimentelle Psychologie, zu der die behavioristische auch gezählt werden muß, hat die Methodik der Naturwissenschaften für ihre Untersuchungen übernommen. Sie macht also ,,die Gültigkeit ihrer Ergebnisse, in eins damit die Erfüllbarkeit ihres Wissenschaftlichkeitskriteriums, unter anderem abhängig von der Übernahme und Anwendung der naturwissenschaftlich erprobten, ... jederzeit kontrollierbaren Strategien"[4].

Kapitel 5
Die Alternative: Geisteswissenschaftliche Erforschung des Humors

Kritik an der experimentellen Psychologie

Seit ihrer Einführung im vorigen Jahrhundert wird an der experimentellen Psychologie kritisiert, daß sie sich nicht dem spezifischen Gegenstandsgebiet und seinen Problemen stellt, sondern schlicht die Übernahme eines Kanons von Methoden aus einer anderen Wissenschaft vollzieht. Nicht ein problemorientiertes Vorgehen führte zur Entwicklung der experimentellen Psychologie, sondern umgekehrt – die Anwendung nichtpsychologischer Methoden bestimmt den Gegenstandsbereich der Experimentalpsychologie[1]. Das Ergebnis dieser Vorgehensweise ist entsprechend dürftig: „Wenn man den Blick nicht auf die psychologischen Methoden, sondern auf die Forschungsinhalte der experimentellen Psychologie richtet, so mag die Psychologie in weiten Bereichen als eine ungeheure Anhäufung von partialisierten Einzelbefunden, kurzlebigen, historisch zufälligen Trends erscheinen, wobei die Fragestellungen unter umfassenderen Gesichtspunken als mehr oder weniger belanglos und trivial betrachtet werden können", schreibt Holzkamp[2], und auch D. Dörner bemerkt: „Böse Zungen behaupten, die Psychologie sei eine Wissenschaft, die Fragen beantwortet, die niemand gestellt hat, da entweder die Antworten längst bekannt sind oder die Fragen niemanden interessieren"[3].

Lange vor diesen Autoren, 1894, schrieb Wilhelm Dilthey zu diesem Problem: „Indem nun aber die erklärende Psychologie das Verfahren der naturwissenschaftlichen Hypothesenbildung, durch welche zu dem Gegebenen ein Kausalzusammenhang ergänzend hinzugefügt wird, auf das Seelenleben überträgt, entsteht die Frage, ob diese Übertragung berechtigt sei"[4].

Auch Edmund Husserl schrieb 1925: „Die methodischen Denkgewohnheiten der Naturwissenschaften übertragen sich in die Psychologie, was in den ersteren sachgerechte Methode war, mußte hier schließlich zu schädlicher Hemmung werden. Ganz einseitig versuchte man, immer wieder ausschließlich in naturwissenschaftlicher Weise vorzugehen und alle Realitätsforschung auf induktive Forschung zu reduzieren ... Damit hängt zusammen die unklare, ja in der Regel prinzipiell falsche Übertragung der Idee einer Naturwissenschaft auf die Wissenschaft von den geistigen Wesen und die von der Seele selbst"[5].

Die Kritik richtet sich im einzelnen gegen die naturwissenschaftlichen Prämissen, die eine für die Erforschung des Menschen und der menschlichen Erscheinungen unzulässige Einschränkung bedeuten:

— Die menschliche Psyche und ihre Erscheinungen lassen sich nicht durch analytisches Vorgehen erfassen. Dilthey kritisierte, daß diese Art des Vorgehens das Seelenleben zerstückele und es getrennt als Fühlen, Denken, Wahrnehmen usw. erforsche, wobei die Ganzheit der Person verlorengehe und damit der Mensch seiner eigentlichen Wesenheit beraubt werde, während „wir im Verstehen vom Zusammenhang des Ganzen aus(gehen), der uns lebendig gegeben ist, um aus diesem das einzelne uns faßbar zu machen. Eben daß wir im Bewußtsein vom Zusammenhang des Ganzen leben, macht uns möglich, einen einzelnen Satz, eine einzelne Gebärde oder eine einzelne Handlung zu verstehen. Alles psychologische Denken behält diesen Grundzug, daß das Auffassen des Ganzen die Interpretation des einzelnen ermöglicht und bestimmt. Der erfahrene *Zusammenhang* des Seelenlebens muß die feste, erlebte und unmittelbar sichere Grundlage der Psychologie bleiben, wie tief sie auch in die experimentelle Einzelforschung eindringe"[6].

— Durch die experimentelle Vorgehensweise und die ihr zugrundeliegenden Postulate von Objektivität, Reliabilität und Validität sowie durch die quantitative Ausrichtung der Forschung wird das Subjekt aus der Untersuchung ausgeschlossen, und zwar sowohl das erforschte als auch das erforschende Subjekt. „Die Naturforschung untersucht das außer dem Subjekt existierende, wobei dem Forscher die Rolle des distanzierten Beobachters zufällt: Psychologie und Geisteswissenschaften haben dagegen mit ‚Objekten' zu tun, in denen sich der Wissenschaftler selbst wiederentdecken kann"[7]. Der Forscher kann sich also als Subjekt gar nicht völlig heraushalten, und es fragt sich, ob er das überhaupt *soll.* Andererseits läßt sich auch der ‚Erforschte‘ nicht objektivieren. Zwar wird scheinbar „... das Subjekt entweder im S-R-Modell völlig getilgt, oder im S-O-R-Modell durch eine Anzahl ‚organismischer‘ Variablen ersetzt ...“[8]. Tatsächlich aber bleibt der Erforschte als Subjekt erhalten und sprengt das behavioristische Modell. „Während also die experimentelle Psychologie fast ausschließlich darum besorgt zu sein schien, um der Strenge ihrer Resultate willen anhand ausgeklügelter Verfahren das *Subjekt* auszuklammern und sich aus diesem Grund auf einen eng ‚behavioristischen‘ Verhaltensbegriff fixierte, wurde von jeher (...) die Forderung aufgestellt, das Subjekt unverkürzt in die Forschung einzubringen“[9].

Zur Subjekt-Objekt-Problematik in der psychologischen Forschung:
„Mensch, haben wir den Burschen konditioniert! Jedesmal, wenn ich
den Hebel drücke, wirft er uns was zu knabbern rein.“

— Die analytische Vorgehensweise sowie die Beschränkung auf die Betrachtung von Kausalzusammenhängen entspricht nicht der dem Menschen in seinem Verhalten und seiner Beziehung zu anderen innewohnenden *Intentionalität.* Henri Bergson weist auf den Unterschied zwischen Kausalität in den Naturwissenschaften und in den Wissenschaften vom Menschen hin: „... wenn die Kausalität auch in der Welt der inneren Tatsachen stattfindet, kann sie keineswegs dem gleichen, was wir in der Natur Kausalität nennen; für den Physiker bringt dieselbe Ursache *stets dieselbe Wirkung* hervor; für einen Psychologen, der sich durch scheinbare Analogien nicht beirren läßt, bringt eine tiefere innere Ursache *ihre Wirkung ein einziges Mal* hervor und niemals wieder“[10]. Man kann also für das Seelenleben nie behaupten, daß

Ursache A notwendig Folge B nach sich zieht. Denn der Mensch gibt seinen Erfahrungen (Erlebnissen, Wahrnehmungen, Gedanken, Beurteilungen, Gefühlen usw.) einen bestimmten Sinn, der mit der Zeit wandelbar ist und sich von der Sinngebung, die andere Menschen ähnlichen Erfahrungen geben, unterscheidet.

Diese Sinngebung fügt sich in das Seelenleben als Ganzes ein, das sich zielgerichtet der ,Erhaltung des Ganzen' oder auch der ,Steigerung des Selbst' zuwendet.

Die Kritiker naturwissenschaftlich-kausaler Erklärungen in der Psychologie vertreten die Auffassung, daß die Intentionalität, d.h. die Sinngebung und Zielgerichtetheit, ein Wesensmerkmal des Menschseins ist. Individualpsychologie, Neo-Psychoanalyse und Humanistische Psychologie haben den Gedanken der Intentionalität übernommen.

Deduktive und induktive Schlußfolgerungen dienen nicht dazu, den Menschen zu verstehen. Nach Seiffert gibt es ,,Wissensgebiete, auf denen wir gar nicht mit strenger Induktion arbeiten müssen"[11]. Demgegenüber kommt man auf diesen Gebieten mit der *intuitiven* Methode besser voran. In die Intuition fließt die Lebenserfahrung des Untersuchenden ein, der diese ,verallgemeinert'. Statt die Intuition zu definieren, ziehe ich ein Beispiel vor: ,,... jede Versammlung mehrerer Menschen (hat) eine bestimmte ,Stimmung', die wir als solche (intuitiv, Anm. d. Verf.) mit absoluter Sicherheit diagnostizieren können, wenn wir nur den Raum betreten. Diese Stimmung kann etwa freudig, gedrückt, übermütig, ,autoritär' ... und anderes sein. Um das festzustellen, brauchen wir keine förmlichen Verhaltensbeobachtungen zu machen, die wir dann statistisch auswerten — sondern wir ,riechen' die ,Atmosphäre' der Versammlung im ersten Augenblick ..."[12]. Wie eine intuitiv arbeitende Methode vorgeht, sei später erläutert. Daß sie sehr wirkungsvoll ist, lesen wir bei Husserl: ,,Mit Staunen war zu beobachten, welche unermeßliche Mannigfaltigkeit von Differenzen im innersten Leben rein intuitiv hervortritt und einer streng wissenschaftlichen Arbeit zugänglich wird, wenn man nur den Mut hat, ganz ausschließlich in einer konsequent durchgeführten Innenschau das Bewußtsein selbst zu befragen und ihm gewissermaßen zuzusehen, wie es das Bewußtwerden solcher Gegenständlichkeit zustandebringt, wie es in sich selbst als Objektivität leistendes Bewußtsein aussieht"[13].

Die Kritiker der naturwissenschaftlichen Vorgehensweise in der Psychologie haben, zusammenfassend dargestellt, die Notwendigkeit der ganzheitlichen, das Subjekt einbeziehenden, die Intentionalität berücksichtigenden, intuitiven Vorgehensweise betont. Dies ist die Vorgehensweise der Geisteswissenschaften, die nach Habermas kein technisches, sondern ein in der Interaktion begründetes Interesse verfolgen[14]. Die Methode, derer sich die Geisteswissenschaften bedienen, ist die *hermeneutisch-phänomenologische*. Da ich die Erscheinung des Humors mit ihrer Hilfe untersuchen möchte, folgt eine Darstellung dieser Wissenschaftsform. Vorweg sei allerdings betont, daß Habermas nicht meint, in den Sozialwissenschaften sei ausschließlich die Hermeneutik zulässig. Sein Standpunkt ist, daß beide Methodologien zum Zuge kommen müssen, wenn auch unter einer gewissen Kontrolle durch die geisteswissenschaftliche.

Hermeneutik

Die hermeneutisch vorgehende Psychologie ist bereits im vorigen Jahrhundert von Wilhelm Dilthey begründet worden. Die Wortschöpfung ist vom Griechischen abgeleitet: Hermes hatte als Götterbote die Aufgabe zu erfüllen, die göttlichen Botschaften und ihre versteckten Inhalte zu interpretieren, d.h. für den Normalsterblichen verständlich zu machen. Entsprechend bedeutet Hermeneutik Auslegekunst, Verdolmetschungs- oder Erklärungskunst. Ich betrachte hier die Hermeneutik nur insoweit, als sie sich auf die seelischen Erscheinungen des Menschen bezieht.

Die Hermeneutik geht davon aus, daß das *Vorverständnis* für die Erkenntnis menschlicher Erscheinungen eine wesentliche Rolle spielt: Mit ihm gehe ich an die Untersuchung heran, um die Bestandteile aus dem Ganzen zu verstehen, zu erfassen. Nach der Interpretation der Bestandteile aus dem Ganzen vergleiche ich diese wieder mit der gesamten Erscheinung. In diesem Verständnis bemühe ich mich um den Sinnzusammenhang einer Erscheinung, wobei mir der ‚hermeneutische Zirkel' immer wieder neue Erkenntnisse und die Überprüfung derselben gestattet.

Der hermeneutisch vorgehende Wissenschaftler beginnt an irgendeiner Stelle mit seiner Untersuchung: Er verschafft sich zunächst ein ungefähres Bild seines Untersuchungsgegenstandes und des Sinnzusammenhangs. In diesen vorläufigen Sinnzusammenhang ordnet er dann ein neues Zeugnis, eine neue Erkenntnis ein, vergleicht dies mit dem schon Vorhandenen und eignet sich wiederum neue Daten und Zeugnisse an, um das Gesamtbild zu ergänzen.

Ein Beispiel für die hermeneutische Vorgehensweise bildet die Entzifferung von Hieroglyphen: Der Sinn ganzer Texte ist aus einer anderen Sprache bekannt, so daß einzelne Zeichen der fremden Sprache entziffert werden, wobei am Gesamttext überprüft wird, ob der Sinn noch beibehalten wird.

Phänomenologie

In ihren Ansätzen sowie in ihrer Kritik an der naturwissenschaftlichen Vorgehensweise steht die Phänomenologie der Hermeneutik sehr nahe. Sie wurde wesentlich von Edmund Husserl seit Beginn dieses Jahrhunderts geprägt. Die Phänomenologie nimmt die intuitive Erfahrung der alltäglichen Welt als Ausgangspunkt der Erkenntnis. Diese Vorgehensweise ist durchaus wirkungsvoll und insbesondere lebensnah, wie z.B. Seiffert sehr eindrücklich an solchen menschlichen Erscheinungen wie ‚Verliebtsein‘ und ‚Zahnschmerzen-Haben‘ beschreibt[15].

Von der intuitiven Erfahrung ausgehend erschließt der Phänomenologe die zu untersuchende Erscheinung in ihrem Wesen und Sinn. Ich möchte ihm bei den einzelnen Schritten seiner ‚Wesensschau‘ folgen.

In-Klammern-Setzen: Der Phänomenologe „beginnt seine Betrachtung der Erscheinungen, indem er sein Vorwissen (engl. biases), seine impliziten Annahmen in Klammern setzt"[16]. Diese Vorbedingung verlangt vom Phänomenologen eine tiefgehende Kenntnis seiner selbst, weitreichendes Reflexionsvermögen und sehr viel Wissen. Denn nur indem er seine eigenen Prämissen und Vorurteile sowie die seines Kulturkreises kennt, kann er diese bei seinen Betrachtungen in Rechnung stellen und „verhindern, daß unreflektiertes Vorverständnis wertend in die Betrachtung mit einfließt"[17]. Der Phänomenologe weiß, daß „es keine Beobachtung ohne Voreingenommenheit (bias) gibt, aber es kann einen willentlichen Versuch geben, die Voreingenommenheit zu erkennen und sie zeitweise zurückzustellen oder aber wenigstens die Beobachtung systematisch von einer Voreingenommenheit zur anderen zu verschieben"[18].

Sich-Hineinversetzen: Nach der Arbeit des In-Klammern-Setzens beginnt der Phänomenologe mit der Betrachtung der Erscheinung so, wie sie sich im Alltag, aus seiner Erfahrung, darstellt. Das bereits erwähnte „Vordringen zum Wesen und Sinn" dieser Erscheinung geschieht insbesondere in ihrer Betrachtung als zu einem Ganzen gehörend. Will er also den Humor oder genauer den humorvollen Menschen erforschen, so will er seinen gesamten Lebenszusammenhang verstehen. Das tut er, indem er sich in den anderen Menschen *hineinversetzt,* wie es Eduard Spranger und Max Scheler ausdrückten[19]. Er wird „mit dem in Frage stehenden Individuum auf das blicken und das festzuhalten versuchen, was seine Welt ausmacht, von der nicht a priori feststeht, daß es die des Untersuchers ist. Die Person-Welt-Beziehung eröffnet sich, wenn wir zuerst die Umwelt kennenlernen, in der die Person zuhause ist. Den Menschen ‚da aufzusuchen, wo er ist und so wie er ist' ..."[20].

Beziehung zur Umwelt und zu den Mitmenschen: Der nächste Schritt wird der sein, zu betrachten, wie sich dieser Mensch in seiner Welt fühlt, wie er mit ihr in Beziehung tritt, und zwar sowohl zu der Dingwelt als auch zu seinen Mitmenschen. Ein depressiver Mensch hat sicherlich eine andere Einstellung zu seiner Umwelt (er sieht sie beispielsweise grau und eintönig) als ein humorvoller. Was die Beziehung dieses Menschen zu seinen Mitmenschen betrifft, sein ‚Miteinandersein', ist zu beachten, daß „... anders als bei der Dingwahrnehmung die Perspektivität unserer Personenwahrnehmung reziprok ist. Ich bin von Anfang an in eine Welt von anderen gesetzt, die schon da waren und nach mir da sein werden, auf die ich angewiesen bin. Der Sozialität meiner Welt entspricht die meines Subjektseins ..."[21]. Die phänomenologische Betrachtung des ‚In-der-Welt-Seins' des Menschen wurde in ihren Grundlagen von Heidegger dargelegt und von der Daseinsanalyse, aber auch von anderen therapeutischen Richtungen übernommen.

Gestimmtheit: Die Betrachtung des Menschen in seiner ‚Gestimmtheit' ist eng mit seiner Beziehung zur Umwelt verknüpft. „Die Art der Gestimmtheit des Menschen ist verantwortlich für die Tönung und Auswahl der zugelassenen oder abgewehrten Weltbezüge"[22]. So läßt sich die Gestimmtheit der Melancholie als eine „hochgradige Abblendung von Ansprechbarkeit" durch die umgebenden Personen und Dinge betrachten, also einer Gestimmtheit, die mit einem Verschlossensein gegenüber der Welt einhergeht. Im Gegensatz dazu schließt Liebe „... den Menschen nicht ab, sondern macht ihn im Gegenteil offen und sehend"[23].

Historizität und Zeitlichkeit: Die Geschichtlichkeit des Menschen ist ein weiterer Aspekt, dem sich die Phänomenologie widmet: „Die Geschichtlichkeit des Menschen ergibt sich daraus, daß seine Vergangenheit für ihn nie etwas gänzlich Erledigtes, Untergegangenes ist, sondern daß alles Gewesene den Menschen heute mitbestimmt ... Das Leben eines Menschen verweist auf seine Geschichtlichkeit: Es erstreckt sich von der Geburt bis zum Tode, wobei das ‚Heute‘ zusammen mit dem ‚Gestern‘ auf das ‚Morgen‘ zeigt"[24]. „Ich selbst erinnere mich, plane, hoffe, befürchte. Ich selbst, die anderen Menschen und die von Menschen gemachten und bezeichneten Dinge stehen in einem Horizont der Zeitlichkeit, den wir ... als Horizont der Geschichtlichkeit bezeichnen und der Horizonthaftigkeit oder Perspektivität alles Erlebens zuordnen"[25]. Diese Gedanken hängen eng zusammen mit Heideggers Zeit-Konzept und der auch in der Daseinsanalyse dargestellten *‚Zeitlichkeit‘* des Menschen. Die phänomenologische Betrachtung betont die Möglichkeit des Menschen, die Zeit aktiv zu formen, insbesondere durch seine Ausrichtung auf die Zukunft. Ihr Zeitkonzept bezieht sich aber auch nicht auf meßbare Zeitabstände: Die *Erinnerung* an ein Erlebnis, das einige Jahre zurückliegt, ist dem Menschen, der gerade erinnert, durchaus gegenwärtig und nicht einige Jahre entfernt. So ist die Zeitlichkeit des Menschen, der unter starken Schuldgefühlen leidet, durch ein ‚Gefangensein in der Vergangenheit‘ gekennzeichnet, während andere Menschen in ihrer Zeitlichkeit eine sehr viel größere Flexibilität besitzen, d.h. auch im ‚Jetzt‘ oder (durch Hoffnungen, Wünsche, Willen) in der Zukunft ‚sein‘ können.

Leiblichkeit: Weiterhin wird der Phänomenologe den Menschen in seiner ‚Leiblichkeit‘ zu erfassen suchen: „In seiner Leiblichkeit erfährt sich der einzelne als gewandt oder ungeschickt, ... als krank oder behindert, vor allem aber auch im Spiegel des anderen als attraktiv oder abstoßend, zu dick oder zu alt. Den anderen, den er bei der Hand nimmt, das Kind, das ihn streichelt, die Treppe, die er steigt, den Kohlensack, den er nicht heben kann — kurz, Mitmenschen und Dinge erfährt das Subjekt als leiblich faßbar oder nicht, erreichbar oder nicht usw. Und je nach seinem ‚Körperschema‘ wie auch nach temporären Zuständlichkeiten, wird sich das Subjekt in seinem Selbstverständnis anders zu seiner Umwelt stellen, sie anders erleben, sich anders zu ihr verhalten"[26]. Hieran sehen wir, daß eine isolierte Betrachtung allein in der Phänomenologie nicht möglich und sogar unzulässig ist: Die Beziehung zwischen Leiblichkeit und dem Kontakt zur Welt, zu den Mitmenschen wird sogleich mitbetrachtet und betont. Der Zusammenhang zur Ganzheit, die im Mittelpunkt phänomenologischer Betrachtung steht, wird bei jeder Einzelbereichsbetrachtung wieder hergestellt.

Der Phänomenologe wäre mit dieser Darstellung sicherlich noch nicht zufrieden. Es gibt noch viele Blickwinkel, unter denen eine menschliche Erscheinung zu betrachten wäre. Wie z.B. ist die Sprache des humorvollen Menschen? Wie seine ‚Räumlichkeit‘? Die Arbeit des Phänomenologen ist in diesem Sinne unendlich, seine Ergebnisse betrachtet er immer als vorläufig; er kann zu seiner bisherigen Betrachtung des Ganzen immer wieder eine Teilbetrachtung hinzufügen: Wir befinden uns mitten in der Arbeitsweise, die wir weiter oben als Hermeneutik erläutert haben: Die Phänomenologie ist eine hermeneutische Vorgehensweise. Aber auch aus einem anderen Blickwinkel ist sie hermeneutisch: Indem der Forscher die „Lebenswelt des Menschen unmittelbar durch ‚ganzheitliche‘ Interpretation alltäglicher Situationen versteht"[27], wertet er seine Alltagserfahrungen für seine wissenschaftliche Arbeit aus, während er umgekehrt seine gewonnenen wissenschaftlichen Erkenntnisse auch wieder in die Teilnahme an dieser Lebenswelt und seinen Alltagserfahrungen einbezieht.

Ich möchte mich mit dieser skizzenhaften Darstellung der Phänomenologie begnügen. Im folgenden Kapitel untersuche ich den Humor nach der phänomenologischen Methode. Der Titel: ‚Kleine Phänomenologie des Humors‘ erscheint mir angemessen, da eine ausführliche Darlegung einerseits den Rahmen dieses Buches sprengen würde, ich andererseits nicht über die notwendige, sehr tiefgehende Kenntnis der philosophischen Phänomenologie verfüge, die für eine ‚Große‘ Phänomenologie des Humors erforderlich wäre.

Kapitel 6
Kleine Phänomenologie des Humors

Betrachten wir zunächst einen humorvollen Menschen, wie er uns im Alltag begegnet. Was bemerken wir an ihm Charakteristisches? Wie wirkt er auf uns?

Zunächst stellen wir seine Art zu lachen und zu lächeln fest. *Das Lachen des Humorvollen ist nie ein Auslachen.* Zynisches Grinsen paßt ebenso wenig zu ihm wie das lachende Gebrüll eines siegreichen Kämpfers. Der Humorvolle lacht warmherzig und gemütvoll. Oft ist es eher ein Lächeln, aus dem echtes Mitgefühl spricht. Er erkennt den oft hinter dem Scherz verborgenen Ernst, den der andere nicht offen auszudrücken wagt. So wird das Lachen des Humorvollen statt eines Auslachens ein *Mitlachen* sein, bei dem der andere sich verstanden fühlt und in das er einstimmen kann.

Das Lachen des Humorvollen erweckt in uns den Eindruck, frei und ungezwungen zu sein. Es hängt nur zum Teil vom komischen Objekt ab: Seine eigenen Werte bedingen, worüber er lacht. Er wird über bestimmte boshafte oder entwürdigende Witze nicht lachen, da sie nicht zu seiner eigenen Grundhaltung passen. Sein Lachen ist auch nicht an soziale Normen gebunden. In unserer modernen Welt lacht der Mensch „zu oft in einer gekünstelten Weise; er ist befangen, er hat Angst, daß man ihm die humorvolle Einsicht absprechen könnte. Er lächelt oder lacht nicht über eine humorvolle Situation, in der er sich befindet, sondern er gibt die von ihm erwartete Reaktion"[1] . Der Humorvolle hingegen steht über diesen Zwängen und hat die notwendige Freiheit zu lachen, wenn ihm danach ist und es der Situation angemessen ist.

Weiterhin stellen wir fest, daß *der Humorvolle die Welt und sich selbst in einer erweiterten Optik, einem größeren Bezugsrahmen sieht.* Wir ‚Normalneurotiker' neigen dazu, unser Leben, unsere Probleme und Ängste, unseren Ärger unter einem sehr engen Blickwinkel zu sehen. Wir überschätzen sie in ihrer Bedeutung. Diese Einstellung behalten wir zwanghaft bei und erkennen nicht, daß eine andere Betrachtung ‚aus höherer Warte‘ das Problem schlagartig lösen würde. Der Humorvolle ist fähig, seinen Blickwinkel zu verändern und so eine andere Haltung zu einer Situation einzunehmen. Ein Beispiel für eine völlig neue Betrachtungsweise gibt uns Albert Camus, der Philosoph des Absurden, in seinem Essay „Der Mythos von Sisyphos“: Während Sisyphos meist als der Unglückliche dargestellt wird, der immer wieder den Stein, den er mühsam den Berg hinaufgeschleppt hat, wieder zu Tal rollen sieht und weiß, daß seine Arbeit nie zu Ende geht, schreibt Camus: „Der Kampf gegen Gipfel vermag ein Menschenherz auszufüllen. Wir müssen uns Sisyphos als einen glücklichen Menschen vorstellen“[2]. Weiter unten werde ich auf den Sinn für das Absurde im humorvollen Menschen eingehen.

Wir bemerken beim Humorvollen auch *Flexibilität:* Auf veränderte Situationen, die veränderte Betrachtungsweisen erfordern, vermag er sich mühelos einzustellen. Ebenso verfügt er über *Spontaneität:* Er hält nicht an resignativen Stimmungen und Denkweisen fest. Spontan ist er auch im Ausdruck seines Humors; er nimmt sich nicht vor, in einem Gespräch vorbereitete Anekdoten oder Witze aus der Tasche zu holen und vorzutragen, sondern er bringt seinen Humor einfühlsam ein — oder er unterläßt es, wenn er spürt, daß der andere ihn nicht aufnehmen kann.

Der Humorvolle kann andere Menschen mit Heiterkeit, Freude und Optimismus anstecken. Wir bemerken, daß die anderen sich dabei in ihren Sorgen verstanden fühlen. Der Humorvolle kann sich in den anderen einfühlen und ihm so eine andere Sichtweise seines Problems vermitteln, ohne ihn zu überrennen. Aufgesetzte Heiterkeit würde sich nicht auf den anderen übertragen, sondern abgewehrt werden.

Auch *Bescheidenheit* zeichnet den Humorvollen aus. Er erkennt, daß er nicht allwissend oder allmächtig ist, sondern nur eine begrenzte Rolle in diesem Universum spielt. Jedoch resigniert er nicht, sondern weiß aus diesem Bewußtsein heraus genug mit sich und der Welt anzufangen.

Nicht zuletzt bemerken wir im Humorvollen *fundiertes und tiefgründiges Wissen.* Er verfügt über eine umfassende Kenntnis der menschlichen Existenz. So ist er auch fähig, sich selbst mit dem kritischen Auge der Selbstironie zu betrachten, die jedoch nicht bissig ist, sondern ein mildes, gutmütiges Lächeln über das eigene Ich.

Bei jedem Menschen, dem wir begegnen, stellt sich uns meist die Frage nach seinem Alter. Könnten Sie sich einen humorvollen Menschen vorstellen, der 20 Jahre alt ist? Ich nicht: Mit 20 Jahren kann der Humor des Menschen nicht voll ausgebildet sein. Humorvoll ist man nicht, man *wird* es erst in einem lebenslangen Prozeß, indem man immer wieder neue Erkenntnisse und Erfahrungen sammelt und den Humor in veränderten Situationen weiterentwickelt.

Die bisher beschriebenen Merkmale des humorvollen Menschen lassen sich ‚von außen‘ feststellen. Gehen wir einen Schritt in unserer phänomenologischen Betrachtung weiter und *versetzen uns in ihn hinein*: Als erstes stellt sich uns die Frage, ob der Humor von der Vernunft oder den Emotionen bestimmt wird.

Ohne Zweifel ist eine Säule des Humors der Intellekt, der „... im Gegensatz zum blinden Vertrauen seine Augen weit offen hält und ewig kritisch bleibt"[3]. Durch seinen kritischen Blick wird sich der Humorvolle der Absurditäten bewußt, die das menschliche Leben durchziehen. Er erkennt „... nicht nur theoretisch, sondern auch praktisch, daß die glücklichsten Beziehungen mit Leiden gespickt sind, den größten Errungenschaften der nachfolgende Abstieg innewohnt, rationale Handlungen von irrationalen Antrieben hervorgerufen werden, psychotisches Denken einen Sinnzusammenhang hat, ... Bescheidenheit eine Form der Angst sein kann, Liebe oft eine Umschreibung für Lust ist, Wahrheit von der Mode bestimmt wird ..."[4]. Solche intellektuellen Erkenntnisse allein führen jedoch nur zur bissigen Ironie und zur Satire. Humor ist mehr als das. Lauer[5] sieht Humor als eine Gemütsform, eine Einheit des geistig-emotionellen Erlebens, die sich auf den gesamten persönlichen und mitmenschlichen Bereich auswirkt. *Im Humor findet eine besondere Form der Synthese zwischen Vernunft und Gefühl statt.* Der Humorvolle verfällt weder in einseitige Sentimentalität noch in einseitige Rationalität. Anders ausgedrückt: Fähigkeiten wie die, Situationen aus einem höheren Standort zu betrachten, sind zwar intellektuell bedingt; jedoch ist beim Humorvollen diese neue Sichtweise von Heiterkeit und Optimismus bestimmt, zwei emotionalen Komponenten.

Betrachten wir die emotionalen Aspekte des Humors genauer. Heiterkeit, Freude und Optimismus kennzeichnen den Humorvollen, jedoch sind ihm die Gegenstimmungen des Ernstes, der Traurigkeit und des Pessimismus genauso bekannt.

So bewahrt sein Ernst ihn bei aller Heiterkeit davon, in illusionistische Euphorie zu verfallen. *Heiterkeit und Ernst ergänzen sich im*

Humor; es entsteht ein Gleichmut, der nicht mit Gefühlsarmut zu verwechseln ist, sondern aus der „emotionell-geistigen Ausgeglichenheit von Heiterkeit und Ernst"[6] erwächst.

Auch Freude und Traurigkeit ergänzen sich im humorvollen Menschen. Traurigkeit ist in gewissem Sinne die Grundlage seiner Freude: Er kennt die traurigen Gefühle und weiß die Freude entsprechend zu schätzen. Mark Twain schreibt: „Die unsichtbare Quelle des Humors liegt nicht in der Freude, sondern in der Traurigkeit. Im Paradies gibt es keinen Humor"[7].

Wie die Freude des Humorvollen auf Traurigkeit gründet, so auch sein Optimismus auf seinem realistischen Blick. Er ist sich des Leidens und der Mißstände dieser Welt bewußt und fühlt sich von ihnen betroffen. Seine Betroffenheit wird jedoch durch die Erkenntnis ausgeglichen, daß es *nie nur Übel* gibt, sondern *immer auch Gutes.* Auf dieser Grundlage kommt er zu einem *realistischen Optimismus,* der sich auf dem Boden der Tatsachen bewegt und keinen Illusionen verfällt. In diesem Sinne spricht Mindess von einem spielerischen Umgang des Humorvollen mit dem Leben, das selbst ein Spiel ist, „... ein tragikomisches zwar, bei dem niemand gewinnt, das aber nicht gewonnen werden muß, um es zu genießen"[8]. Der realistische Optimismus des Humorvollen zeigt sich in seinem Verhältnis zu Glück und Unglück. Er weiß, daß sie beide vergänglich sind: auch durch einen Lottogewinn ist das ewige Glück nicht erreicht. Und er weiß, daß beide relativ sind: was für den einen das Glück auf Erden ist für den anderen bedeutungslos. In seiner Bewußtheit der Vergänglichkeit wie der Relativität von Unglück und Glück kann der Humorvolle einerseits das Glück genießen, andererseits das Unglück in dem Wissen, daß ‚jedes Unglück einmal ein Ende hat', überwinden. Mehr noch: Er wird aktiv, um seine unglückliche Lage zu verändern.

Dem Humorvollen eigen ist auch *ein besonderes Verhältnis zwischen Selbstbehauptung und Hingabe.* So gehört zum Humor Selbstbehauptung im Sinne von Ich-Stärke und des Bewußtseins, mit den Schwierigkeiten des Lebens zurechtkommen zu können. Andererseits ist im Humor Hingabe in Form von Sympathie zu finden, also Mitfreude oder Mitleiden angesichts des Schicksals anderer Menschen. Der Humorvolle kann sich ohne Neid mit anderen mitfreuen und ohne Schadenfreude mitfühlen, wenn einem anderen ein Mißgeschick passiert. Lauer sieht im humorvollen Menschen eine ausgewogene Mischung aus Selbstbehauptung und Sympathie, mit einer gewissen Tendenz zur letzteren: „In der lebendigen Verwirklichung der sympathischen Teilnahme differenziert sich zwar die emotionelle Humorfähigkeit, bleibt aber grundsätzlich in ihren Grenzen. Der Boden der Realität wird nie unter den Füßen verloren. Dafür sorgt einerseits die ... Selbstbehauptung, andererseits die ... Bewußtheit"[9].

Humor und Resignation vertragen sich nicht. Der humorvolle Mensch weiß, daß er seine Umgebung (mit-)gestalten kann, und er tut es auch. Er bleibt aber, wie schon beschrieben, ein Realist. Sein Bezug zur Welt beinhaltet auch die Kenntnis seiner Grenzen. Das bewahrt ihn vor übergroßen Enttäuschungen. So finden wir in ihm die Tendenz, mit Liebe auf seine Umgebung zuzugehen und ihre guten, erfreulichen Seiten mit Freude und Heiterkeit aufzunehmen. Er sieht die Welt nicht ‚grau in grau‘, sondern in ihrer Farbenvielfalt.

Wie anfangs erwähnt, *wirken die Freude und der Optimismus des Humorvollen ansteckend.* Seine Beziehungen zu anderen zeichnen sich auch durch Einigung aus; Aggressionen und Kämpfe sind dem Humorvollen fremd. Indem er sich in seinen Mitmenschen einfühlen kann, wägt er zwischen seiner Selbstbehauptungs- und seiner Hingabetendenz ab und kommt so zu einer Einigung mit sich selbst und dem anderen. Hierin unterscheidet sich der witzige vom humorvollen Menschen. Witze wirken oft trennend, sei es durch ihren aggressiven Inhalt, sei es, daß sie in die Stimmung des ablaufenden Gesprächs nicht passen und es somit empfindlich stören. Humor ist im Gegensatz hierzu immer verbindend. Sagt jemand etwas Humorvolles, so können alle lachen – niemand fühlt sich gestört oder verletzt. Hieran erkennen wir die Sypmathie, das Mitgefühl des humorvollen Menschen.

Auch in der Fähigkeit, *dem anderen neue Sichtweisen zu vermitteln,* zeigt sich die Beziehung des Humorvollen zu seinen Mitmenschen (s.o.). Der Betrübte spürt das Mitgefühl und den tieferliegenden Ernst im mitgeteilten Humor. Er spürt auch, daß der Optimismus des Humorvollen nicht illusionär ist, sondern realistisch, und empfindet ihn somit als Ermutigung. Auch empfindet er keine Überheblichkeit. Gleichheit und Solidarität sind Merkmale der Beziehung zwischen dem Humorvollen und anderen. Sein Lachen ist nicht überlegen, sondern ein gleichgesinntes, das zum Mitlachen ansteckt. Der Humorvolle behandelt andere Menschen wie sich selbst mit einer *toleranten Grundhaltung.* So mag er einen anderen Menschen komisch finden, aber er sagt zu sich: ‚Andere finden mich auch komisch‘. Er ist sich dessen bewußt, daß er letztlich immer über sich selbst lacht, wenn er über andere lacht, denn die Menschheit bildet eine Ganzheit, in der „jeder ‚jedermann‘ und ‚irgendeiner‘ ist"[10].

Die Art seines Umgangs mit anderen wirkt auch auf den Humorvollen zurück. Im ‚feed-back‘ der anderen werden ihm Heiterkeit und Optimismus zurückgegeben.

Der humorvolle Mensch bildet eine *gelungene Synthese aus Kind und Erwachsenem*. Als Erwachsener schätzt er die Schwierigkeiten des Lebens realistisch ein, fühlt aber auch die Kraft, sie anzupacken und zu bewältigen. Aus seiner Kindheit bringt er die Erfahrung und Zuversicht mit, daß Probleme sich zum Guten wenden können, wie es auch in der Kindheit geschah.. Die kindliche Euphorie findet im realistischen Optimismus einen angemessenen Stellenwert. Voraussetzung ist allerdings eine Kindheit, in der nicht ausschließlich schlechte Erfahrungen gemacht wurden. Menschen, die in ihrer Kindheit nichts als Leid erlebten, haben es schwerer als andere, zu einer humorvollen Einstellung zu finden.

Die *Zeitlichkeit* des Humorvollen zeichnet sich durch Ausgewogenheit aus, worauf die bereits beschriebenen Phänomene hinweisen. Seine Heiterkeit ist z.B. gegenwartsbezogen. Wer heiter ist, lebt im Augenblick und kann Vergangenheit wie Zukunft vergessen. Ernst hingegen gründet in der Beachtung der Vergangenheit wie in der Sorge um die Zukunft.

So ist es auch mit der *Freude und der Traurigkeit* wie auch mit dem *Verhältnis des Humorvollen zu Glück und Unglück:* Das Glück ist z.B. ‚jetzt da‘, und wir haben zwei Möglichkeiten, damit umzugehen: Entweder wir genießen es oder wir werden ‚zukunftslastig‘, indem wir kommendes Unheil befürchten. Der Humorvolle wird das Glück des Augenblicks in realistischer Weise genießen, indem er sich nicht unnötig mit Sorgen um die Zukunft belastet.

Was das Unglück betrifft, so können wir z.B. vergangenheitsbezogen damit umgehen: Wir erinnern uns nur an vergangenes Unglück (‚Immer passiert mir das!‘). Das erhöht nicht die Aussichten auf eine Veränderung des unglücklichen Zustands. Ein humorvoller Mensch, der unglücklich ist, kann sich hingegen im Gegensatz z.B. zum Depressiven aktiv auf seine Zukunft ausrichten. Den augenblicklichen Zustand wünscht er sich nicht, und so hofft er auf die Zukunft und wird aktiv, um sein Unglück zu verändern. Er ist fähig, in seinem Unglück eine Chance zu sehen, denn: „Es sind die Unglücklichen, die sich und die Welt verändern, weil sie — auf das Glück hoffen"[11].

Überwiegend lebt aber der Humorvolle in der Gegenwart. Er weiß zwar von seiner und der anderen Vergangenheit, er hegt auch Hoffnungen und schmiedet Pläne in bezug auf seine Zukunft. Sein Leben vollzieht sich jedoch im ‚Hier-und-Jetzt‘ der Gegenwart, was wir an seiner Spontaneität und Flexibilität erkennen können. Dieses sind Merkmale, die z.B. den Depressiven, der mit viel Vergangenheit, aber wenig auf die Zukunft hin lebt, oder den Zwanghaften, der gern die Zukunft unter Kontrolle hätte, nicht kennzeichnen. Der Humorvolle kann seine Sinne, sein Denken und seine Gefühle auf die Gegenwart einstellen, er verfügt über *Geistesgegenwart*.

Schließlich *lebt der Humorvolle mit seinem Körper in Eintracht*. Nörgeleien der Art: ‚Ich bin zu dick‘ oder ‚Ich bin häßlich‘ sind ihm fremd. So bejahend, wie er sich selbst, seinen Mitmenschen, dem Leben gegenüber eingestellt ist, so auch seinem Körper. Das bedeutet einerseits, daß er sich den Sinnesgenüssen hingeben kann, andererseits, daß er seinen Körper wie seinen Geist vital hält. Dieses gehört zu der aktiven Gestaltung seines Lebens.

Die Kleine Phänomenologie des Humors sei mit diesen Gedanken abgeschlossen. In meinen Ausführungen bin ich der im vorangehenden Abschnitt dargestellten Vorgehensweise der Phänomenologie gefolgt. Zwar bleiben einige Fragen noch offen — z.B. finden wir in phänomenologischen Betrachtungen der Weisheit Verbindungen zwischen dieser und dem Humor[12]; auch die Werthaltung des humorvollen Menschen wurde nur angedeutet. Im Hinblick auf den Humor in der Psychotherapie bieten meine Überlegungen jedoch eine solide Grundlage. Einzelne Aspekte dieser Überlegungen finden wir in den folgenden Darstellungen wieder. So bestätigen die verschiedenen Humor-Theorien der Psychologie die phänomenologische Betrachtung des Humors.

III. Die Psychotherapeutischen Schulen und der Humor

„Hey, you guys aren't supposed to do that."[1]

Zu Beginn meiner Arbeit an diesem Teil meines Buches stehe ich vor einem Dilemma: Bisher schrieb ich, daß wahrer Humor nicht aggressiv ist oder nur wohlwollende Ironie zum Humor paßt. Viele der Autoren, die ich nun zur Bearbeitung der folgenden Kapitel heranziehe, haben sich jedoch nicht an diese Sprachregelung gehalten. Ich muß also Flexibilität beweisen (immerhin ein Merkmal des Humors) und den Ausdruck ‚Humor' auch dort zulassen, wo eigentlich verdeckte Aggressionen, Auslachen des anderen usw. gemeint sind, ohne jeweils die Bemerkung hinzuzufügen: ‚Das ist nicht das, was ich unter Humor verstehe'. Die Leserin, den Leser bitte ich dieses Umschwenken zu beachten und dennoch zu berücksichtigen, daß ich unter Humor weiterhin die bisher beschriebene Lebenshaltung verstehe.

---

1   Bemerkung eines jugendlichen Klienten zu einem lachenden Therapeuten.

Kapitel 7
Psychoanalyse und Humor

Sigmund Freud kommt eine einzigartige Bedeutung in der Erforschung des Humors zu. Er hat nicht nur nachhaltigen Einfluß auf die psychoanalytische, sondern auf die gesamte Literatur zu diesem Thema genommen: Sein Buch „Der Witz und seine Beziehung zum Unbewußten"[1] sowie sein Aufsatz „Der Humor"[2] werden mit Abstand am häufigsten in den Aufsätzen und Büchern über diesen Themenbereich zitiert. Nach Browning hat kein anderer Witz, Humor und Lachen in sein Denksystem so integriert, wie Freud es tat[3]. Beide Schriften sind von einer Farbigkeit und Reichtum, die sie nicht nur für den Fachmann lesenswert erscheinen lassen. Im folgenden stelle ich zunächst Freuds Ausführungen zum Humor dar. Dem schließe ich eine sehr kurze Darstellung von Freuds Witztheorie an, da dies für ein besseres Verständnis psychoanalytischer Texte zum Humor in der Therapie notwendig ist. In diesen Texten wird Freuds Humortheorie meist mit seiner Witztheorie verwechselt. Ich schließe dann eine Betrachtung weiterer psychoanalytischer Schriften zum Humor an.

Freuds Theorie des Humors

Obwohl er an die Tradition der Deutschen Philosophie des XIX. Jahrhunderts anschließt, die den Humor vom ästhetischen Standpunkt her in die Arten des Komischen einreiht, *sind Freuds Ausführungen zum Humor eher psychologisch-anthropologisch als ästhetisch.*

Er sieht den Humor als eine der höchsten psychischen Leistungen und meint, daß dieser aus gutem Grunde die „besondere Gunst der Denker genießt", die „soviel des Treffenden und Erhebenden auch zur Wertschätzung des Humors vorgebracht" haben[4]. Die besondere Bedeutung des Humors im Seelenleben sieht Freud darin, daß „der Humor nicht nur etwas Befreiendes wie der Witz und die Komik (hat), sondern auch etwas Großartiges und Erhebendes, welche Züge an den beiden anderen Arten des Lustgewinns aus intellektueller Tätigkeit nicht gefunden werden"[5].

Nach Freud kann sich der Humor entweder an einer einzigen Person ‚vollziehen', die sich selbst gegenüber in einer schwierigen Situation die humoristische Einstellung einnimmt, wobei ein eventueller Zuschauer Nutznießer des beobachteten Humors wird; oder der Humorist beschreibt eine dritte Person, die selbst nicht humorvoll zu sein braucht, in humorvoller Art. In beiden Fällen bringt dem ‚Humor-Vollziehenden' seine humoristische Einstellung zur — selbst erfahrenen oder an einer anderen Person beschriebenen — Situation Lustgewinn; „ein ähnlicher Lustgewinn fällt dem — unbeteiligten — Zuhörer zu"[6].

Seine Gedanken über den Humor bindet Freud in sehr verständlicher Art in sein Energiemodell der seelischen Regungen ein: Wo an einer Stelle die Energie nicht verwendet wird, wirkt sie an anderer Stelle in entsprechender Stärke. Ist eine Situation gegeben, in der wir aus Schaden oder Schmerz entsprechende Gefühle, Affekte entwickeln würden, und werden diese Affekte ‚in statu nascendi' aus bestimmten Gründen unterdrückt, so entsteht „die Lust des Humors dann ... auf Kosten dieser unterbliebenen Affektenbindung, sie geht aus *erspartem Affektaufwand hervor*"[7].

Als Beispiel für den ersparten (unangenehmen) Affektaufwand beschreibt Freud zunächst den *Galgenhumor* und betrachtet den „Spitzbuben, der am Montag zur Exekution geführt wird und äußert: ‚Na, diese Woche fängt gut an'"[8]. Als erzählte Geschichte ist dies natürlich ein Witz. Versetzen wir uns aber in den zum Tode Verurteilten als denjenigen, der diese Bemerkung fallen läßt, so „gehört ... Humor dazu, einen solchen Witz zu machen, d.h. über alles hinwegzusehen, was diesen Wochenbeginn vor anderen auszeichnet, den Unterschied zu leugnen, aus dem sich Motive zu ganz besonderen Gefühlsregungen ergeben könnten"[9]. In einem zweiten Beispiel, in dem der zum Tode Verurteilte „auf dem Wege zur Hinrichtung ein Halstuch für seinen bloßen Hals ausbittet, um sich nicht zu verkühlen", sieht Freud „etwas wie Seelengröße in dieser blague*, in solchem Festhalten seines gewohnten Wesens und Abwenden von dem, was dieses Wesen umwerfen und zur Verzweiflung treiben sollte"[10]. Wir als Zuschauer erkennen, daß „... der näher Betroffene sich sein Selbstmitleid erspart. Dadurch wird auch das intensive Mitleid, das *wir* für diese Person verspüren könnten, erspart oder gehemmt: „Infolge dieses Verständnisses wird der Aufwand zum Mitleid, der schon in uns bereit war, unverwendbar, und wir lachen ihn ab. Die Gleichgültigkeit des Spitzbuben, von der wir aber merken, daß sie ihn einen großen Aufwand von psychischer Arbeit gekostet hat, steckt uns gleichsam an. Erspartes Mitleid ist eine der häufigsten Quellen der humoristischen Lust"[11].

Freud betont, daß wir alle, sofern wir über Humor verfügen, unangenehme Gefühle vermeiden: „Den kleinen Humor, den wir etwa selbst in unserem Leben aufbringen, produzieren wir in der Regel auf Kosten des Ärgers, anstatt uns zu ärgern"[12]. Je nachdem, welche Gefühlsregung wir uns zugunsten des Humors ersparen, ergeben sich die Arten des Humors, so z.B. bei erspartem Mitleid, Ärger, Schmerz, Rührung usw. Zur Verhinderung einer ‚Möglichkeit von Affektentwicklung' bedient sich der Humor u.U. auch des Witzes oder anderer Arten des Komischen. Auch kann die Verhinderung *ganz* oder nur *partiell* erfolgen. Wird dem Affekt nur ein Teil seiner Energie entzogen und diese dem humoristischen Beiklang aufgewendet, so ergibt sich z.B. der „Humor, der unter Tränen lächelt"[13].

Für diese Form des Humors bringt Theodor Reik einige Beispiele aus dem Leben Heinrich Heines. So beschreibt er Maurice Etiennes Besuch bei dem bereits schwerkranken Dichter in Paris. Heine war durch schwere Lähmungserscheinungen an das Bett gebunden. „Etienne war gerade gekommen, als die Pflegerin, eine große Mulattin, den abgezehrten und armseligen Körper Heines sorgsam von seinen Matratzen am Boden emporhob, um ihn ins Bad zu tragen. Als Heine des Besuchers ansichtig wurde, scherzte er: ‚Da sehen Sie, wie man mich in Paris auf Händen trägt'"[14]. Die doppelsinnige Verwen-

* blague: frz. Witz

dung einer Redensart stellt jene Legierung von Witz und Humor dar, die so häufig in Heines Dichtungen zu finden ist; andererseits setzt er sich mit diesem Scherzwort über sein Leid hinweg, erspart sich und dem Besucher das Mitleid und bringt beiden Lustgewinn — wobei gerade hier der Humor, der unter Tränen lächelt, deutlich wird.

„Aber wie bringt der Humorist jene psychische Einstellung zustande, die ihm die Affektentbindung überflüssig macht, was geht bei ‚der humoristischen Einstellung‘ dynamisch in ihm vor?", fragt Freud[15] und meint, wir müßten das Problem beim humorproduzierenden Menschen selbst betrachten und als Zuhörer oder Zuschauer annehmen, in uns würde eine Kopie dieses unbekannten Prozesses stattfinden.

Freud erklärt den Humor im Lichte eines Abwehrvorganges. Abwehrvorgänge sind „psychische Korrelate des Fluchtreflexes", die die Aufgabe verfolgen, „die Entstehung von Unlust aus inneren Quellen zu verhüten"[16]. Bekanntlich sieht die Psychoanalyse die mißglückte Verdrängung, eine bestimmte Form der Abwehr, als Ursache der Neurosen. Hingegen sieht Freud im Humor „die höchststehende dieser Abwehrleistungen". Der Humor „verschmäht es, den mit dem peinlichen Affekt verknüpften Vorstellungsinhalt der bewußten Aufmerksamkeit zu entziehen, und überwindet somit den Abwehrautmatismus"[17].

Der humorvolle Mensch ist sich also der realen Situation bewußt. Jedoch verweigert es sein Ich, „sich von den Veranlassungen aus der Realität kränken, zum Leiden nötigen zu lassen ...". Das Großartige des Humors liegt für Freud in diesem „Triumph des Narzißmus, in der siegreich behaupteten Unverletzlichkeit des Ichs". Denn „der Humor ist nicht resigniert, er ist trotzig, er bedeutet nicht nur den Triumph des Ichs, sondern auch den des Lustprinzips, das sich hier gegen die Ungunst der realen Verhältnisse zu behaupten vermag"[18]. Humor ist somit eine gesunde Form der Lebensbewältigung; mit seiner Hilfe gelingt es, das Lustprinzip durchzusetzen, ohne die Realität zu leugnen.

„Worin besteht nun die humoristische Einstellung, durch die man sich dem Leiden verweigert, die Unüberwindlichkeit des Ichs durch die reale Welt betont, das Lustprinzip siegreich behauptet, all dies aber, ohne wie andere Verfahren gleicher Absicht den Boden seelischer Gesundheit aufzugeben?"[19], fragt Freud weiter und bezieht den Humor in sein metapsychologisches Modell ein: Er sieht die Haltung des Humoristen gegenüber seinen Schwierigkeiten (oder die anderer Menschen) wie die eines Erwachsenen „gegen das Kind, indem er die Interessen und Leiden, die diesem groß erscheinen, in ihrer Nichtigkeit" erkennt und belächelt[20]. Diese Haltung ist nicht überheblich, sondern wohlwollend und gutmütig, wie die liebevoller Eltern gegenüber einem in Nöte geratenen Kind.

Die Internalisierung der Eltern-Haltung gegenüber dem Kind führt der psychoanalytischen Theorie zufolge zur Entstehung des Über-Ichs, welches ein Teil oder der Kern des Ichs ist. Das Über-Ich übernimmt die Rolle der Elterninstanz und hält das Ich „oft in strenger Abhängigkeit", behandelt es noch so, „wie einst in frühen Jahren die Eltern — oder der Vater — das Kind behandelt haben"[21].

Im humorvollen Menschen jedoch verinnerlicht das Über-Ich nicht allein die strenge, sondern auch die liebevolle Haltung der Eltern. Ist dann eine Situation gegeben, in der Affekte entstehen könnten, so wird der psychische Akzent vom Ich abgezogen und auf das Über-Ich verlegt. Letzteres schwillt an, betrachtet die Situation aus der höheren Warte und steht nun, wie früher die Eltern, wohlwollend-liebend dem Ich bei. Es tröstet das Ich und verhilft ihm dazu, die lustvolle Seite der Situation zu erkennen und auszukosten.

Freud bezeichnet diese Verlegung des psychischen Akzents, der Energieverteilung, als „Verschiebung großer Besetzungsmengen"[22] und betont die sonst negative Rolle solcher Verschiebungen bei neurotischen und psychotischen Störungen.

„Wir kennen das Über-Ich sonst als einen gestrengen Herrn", meint Freud und schreibt, man müsse sich wundern, daß das Über-Ich dem Ich nun zu einem Lustgewinn verhilft. Er betont, daß allerdings die Lust des Humors nie so stark ist wie in den anderen Arten des Komischen, daß also „die humoristische Lust... sich niemals im herzhaften Lachen ausgibt. ... Aber dieser wenig intensiven Lust schreiben wir — ohne recht zu wissen warum — einen hochwertigen Charakter zu, wir empfinden sie als besonders befreiend und erhebend". Humor dient nämlich einer gesunden Lebensbewältigung: „Der Scherz, den der Humor macht, ist ja auch nicht das Wesentliche, er hat nur den Wert einer Probe; die Hauptsache ist die Absicht, welche der Humor ausführt, ob er sich nun an der eigenen oder an fremden Personen betätigt. Er will sagen: Sieh' her, das ist nun die Welt, die so gefährlich aussieht. Ein Kinderspiel, gerade gut, einen Scherz darüber zu machen!"[23] Freud schließt seine Ausführungen mit der Bemerkung, daß die tröstende Rolle des Über-Ichs nicht seiner Herkunft von der Elterninstanz widerspricht, da die Eltern nicht nur streng sind. Er deutet aber auch an, daß besonders strenge und humorlose Eltern dem Kind die Fähigkeit zur Entwicklung eines auch humorvollen Über-Ichs verunmöglichen. Daher „sind nicht alle Menschen der humoristischen Einstellung fähig, es ist eine köstliche und seltene Begabung, und vielen fehlt selbst die Fähigkeit, die ihnen vermittelte humoristische Lust zu genießen"[24].

Kenner von Freuds Theorie werden die Flexibilität des Denkens, die er in seinen Ausführungen über den Humor unter Beweis stellt, bewundern: Zwei wesentliche Begriffe seiner Theorie zwingt er uns zu überdenken. Haben wir uns erstens der einfachen Vorstellung hingegeben, Abwehrmechanismen seien grundsätzlich neurotisch und pathologisch, so müssen wir jetzt vorsichtiger sein:*Der Humor ist ein gesunder Abwehrmechanismus.*

Besonders wird uns aber außerdem der Gedanke an ein repressives Über-Ich ‚vermasselt': Auch das Über-Ich hat mehr Eigenschaften, als wir bisher dachten. Die Notwendigkeit, beim Studium der Psychoanalyse flexibel zu bleiben, wird nicht nur im Zusammenhang mit dem Humor ersichtlich; aber an dieser Stelle sticht sie deutlich ins Auge.

Erwähnenswert erscheint mir Freuds persönlicher Humor. In Ernest Jones' Biographie wird Freud viel Sinn für Humor zugeschrieben: „Ich erinnere mich, wie es uns amüsierte, als er sagte, das beste

Zeichen für die Annahme der Psychoanalyse wäre, wenn die Wiener Geschäfte annoncieren würden: ‚Geschenke für alle Stadien der Übertragung‘ "[25]. An diesem Beispiel zeigt sich die Fähigkeit, auch die eigene Arbeit aus einem ‚lustvollen‘ Blickwinkel zu betrachten. Weiter schreibt Jones: ,,Bei allen... Vorzügen, denen wir im wesentlichen sein großes Werk verdanken, hatte seine Persönlichkeit sehr menschliche Züge, die ihn seinen Freunden um so lieber machten. Der unnachahmliche trockene Humor seiner Schriften wurde im gewöhnlichen Umgang zur charmanten Heiterkeit und zur Fähigkeit, den meisten Situationen etwas Komisches abzugewinnen..."[26].

Freuds Theorie des Witzes

Freud soll auf die Idee gekommen sein, über den Witz zu arbeiten, als er die Beobachtung machte, daß seine Studenten über seine analytischen Traumdeutungen häufig lachten.

Ausgehend von seinen Erkenntnissen über den Traum und das Unbewußte untersuchte Freud den Witz, der, wie er herausfand, nach Struktur und Wirkungsgesetzen wie der Traum funktioniert. In seinem Buch ,,Der Witz und seine Beziehung zum Unbewußten" entwickelt er eine libido-ökonomische Theorie, die den Witz und das Lachen auf der Basis der Entladung psychischer Energie erklärt, wobei das Ziel des Witzes der Lustgewinn ist.

Um das Wesen des Witzes herauszufinden, beschäftigte sich Freud mit Alltagswitzen wie auch mit Witzen in der Literatur (Heine, Lichtenberg, Nestroy, Shakespeare). Er fand heraus, daß sich die Witzemacher der Abweichungen vom normalen Denken, der Verdichtung, Verschiebung, der Darstellung durch das Gegenteil und der Gleichsetzung von Gegensätzen bedienen. Weitere Merkmale des Witzes sah Freud im Doppelsinn mit Anspielung, in der Unifizierung (Herstellung eines ungeahnten Zusammenhanges), in der Übertreibung und in der Benutzung von scheinbaren Denkfehlern. Freud beginnt seine Untersuchung des Witzes mit einer Analyse des ‚harmlosen‘ Witzes. Er erkennt bei seinen weiteren Überlegungen, daß auch der harmlose Witz nie ganz ohne Absicht ist, denn es ist erst die Tendenz im Witz, die den Lacherfolg möglich macht.

Der Witz stellt sich nach Freud nun in den Dienst von zwei Tendenzen; er hat entweder aggressiven oder sexuellen Charakter. Eine solche Tendenz, deren direkte Abfuhr durch die Realität oder durch

Ich- und Über-Ich-Verbote verhindert ist, wird für kurze Zeit ins Unbewußte verdrängt, verbindet sich dort mit einer lustvollen, spielerischen Erinnerung aus der Kindheit und ‚blufft‘ die Zensur durch Verschiebung, Verdichtung, Darstellung durch das Gegenteil usw., denn der so modifizierte psychische Inhalt tritt nun plötzlich wieder in das Bewußtsein zurück.

Zur aggressiven Tendenz im Witz

In der neuen Form kann die (aggressive oder sexuelle) Tendenz abgeführt werden und ist sozial akzeptabel geworden. Hemmungs- und Unterdrückungsaufwand werden erspart, die hierfür benötigte Energie freigegeben und durch Lachen abgeführt. Die Lust des Lachens verstärkt sich, wenn sie sich in einem Zuhörer widerspiegeln kann. Diesem Lacheffekt geht eine weitgehende psychische Übereinstimmung zwischen Erzähler und Zuhörer voraus. Sie müssen die gleichen Hemmungen aufweisen, um Witzeslust zu empfinden. Ist das nicht der Fall, kann wieder Unlust (durch das Ausbleiben des Lachens) in Form von Scham und Schuld auftreten, weil dann die Resonanz fehlt und der Vorgang offenbar mißglückt ist. „Den psychischen Vorgang beim Hörer, bei der dritten Person des Witzes, kann man kaum treffender charakterisieren, als wenn man hervorhebt, daß er die Lust des Witzes mit sehr geringem Aufwand erkauft. Sie wird ihm sozusagen geschenkt. Die Worte des Witzes, die er hört, lassen in ihm notwendig jene Vorstellungen oder Gedankenverbindungen entstehen, deren Bildung auch bei ihm so große Hindernisse entgegenstanden"[27].

Zur sexuellen Tendenz im Witz

Die Hauptaussagen Freunds gipfeln in dem Satz: „Die Lust des Witzes scheint uns aus *erspartem Hemmungsaufwand,* hervorzugehen... *und* die des Humors aus *erspartem Gefühlsaufwand"*[28]. Entsteht der Humor durch Vermittlung des Über-Ichs, so ist der Witz ein Beitrag des Unbewußten, indem ein vorbewußter Gedanke für einen Moment der unbewußten Bearbeitung überlassen wird. Beim Humor handelt es sich um eine Veränderung von Affekten durch die Bearbeitung eines freundlichen Über-Ichs, beim Witz entsteht eine Lust aus der plötzlichen Entladung unbewußter (aggressiver oder sexueller) Neigungen. Humor ist also ein Kind des Über-Ichs, der Witz ein Abkömmling des Es.

Was haben Freuds Schüler und Nachfolger zum Thema Humor beigetragen? Im Rahmen dieser Arbeit ist nur ein grober Überblick über kritische wie auch weiterführende Gedanken einiger Schüler und Nachfolger Freuds möglich.

Zu den orthodoxen Psychoanalytikern, die eine weitaus rigidere Theorie des Komischen aufstellten als Freud, gehören *diejenigen, die den Humor in enger Verbindung mit neurotischen Störungen sehen.*

Diese Gruppe von Autoren, zu der Winterstein, Bergler, Dooley und Grotjahn gehören, sieht den Witz als Ausdruck von Aggression, Feindschaft und Sadismus, den Humor hingegen als Ausdruck von Depression, Narzißmus und Masochismus[29]. Auch meinen diese Autoren, Humor sei ein Rückzug in die Illusion, bewirkt durch „negative Halluzinationen"[30]. Dies bedeutet ein Mißverständnis von Freuds Theorie, die ausdrücklich den Realitätssinn des Humorvollen betont.

Strotzka schließt an eine Kritik der o.a. Autoren an, die mir berechtigt erscheint. Er problematisiert Freuds Auffassung des sich behauptenden Humors und meint: „Fast alle Autoren zitieren hier mit Recht Lessing, daß der Gefangene, der seine Fesseln verlacht, noch lange nicht frei ist, und darauf kommt es letztlich an"[31]. Der Sieg des Humors sei nur temporär, es bestehe die Frage, ob die Wirklichkeit nicht auf die Dauer doch mächtiger ist.

Auch einige skurril anmutende Gedanken werden vertreten. Als Beispiel führe ich Berglers Überlegungen zur Interaktion zwischen Über-Ich und Ich in der humorvollen Reaktion an. Hiernach stehen sich Über-Ich und Ich sehr feindselig gegenüber. Bergler beschreibt den Kampf in vier Phasen: Zunächst bringt das Über-Ich das Ich in eine unangenehme Situation, indem es Letzterem gestattet, einen Trieb des Es unvorsichtig auszuleben. In der zweiten Phase tritt die peinliche Situation auf, und das Ich wendet sich mit der Bitte um Trost und Hilfe an das Über-Ich. Hierauf reagiert das Über-Ich mit arroganter Aggression, indem es das Ich beschimpft und etwa sagt: ‚Was habe ich denn damit zu tun? *Du* wolltest doch die Triebregungen des Es ausleben!' In der vierten Phase ist dann das Ich so in die Enge und Verzweiflung getrieben, daß es sich aggressiv gegen das Über-Ich wendet, in das Stadium des primären Narzißmus zurückfällt, sich von der Wirklichkeit in eine ‚negative Halluzination' zurückzieht und in einer Art von Rausch dem Selbstgenuß hingibt[32] . Bergler erläutert dieses Modell an einigen Beispielen, bei denen er Freuds Theorie des Humors auf den Kopf stellt: Die von letzterem aufgestellten *notwendigen Bedingungen* für Humor stellt Bergler als *hinreichende Bedingungen* hin, nämlich das Auftreten einer peinlichen Situation, der Versuch des Ichs, sich nicht unterkriegen zu lassen und der humorvolle Ausdruck, der keiner dritten Person bedarf. Daß diese Bedingungen zwar im Humor enthalten sind, ihn aber noch lange nicht ausmachen, vergißt Bergler vollends.

Zu den Autoren, die den gesunden Aspekt des Humors hervorheben und auch auf den Aspekt des ‚anderen Standpunktes‘ oder des ‚erweiterten Bezugsrahmens‘ in der humorvollen Reaktion verweisen, gehört Flugel. Er meint, daß durch das Wechseln des Standpunktes eine Sublimierung der Affekte erfolgt, wobei sich die Energie auf ‚höherem‘ Niveau entlädt (und nicht auf Triebniveau)[33] . Auch Rosenthal sieht im Humor eine flexible Einstellung zu den Sichtweisen einer Situation oder eines Gefühls. Dynamisch betrachtet sei es für den Humor wichtig, eine zunehmende Beweglichkeit der Besetzungsmengen zu erreichen, einschließlich einer freien, aber unter Kontrolle gehaltenen Beziehung zum Unbewußten bzw. zum Es[34] .

Eine andere Gruppe von Autoren betont den engen Zusammenhang des Humors mit anderen Eigenschaften der Persönlichkeit. Strotzka verweist z.B. auf die Fähigkeit, „die äußere und innere Problematik ihres Ernstes spielerisch" zu berauben. Außerdem sieht er im Humor eine Verbindung zur Heiterkeit[35] . Nicht vergessen werden sollte nach Schimel die Rolle solcher wesentlichen Ich-Funktionen wie die des Spiels, des Spielerischen und der Neugier, da sie dem Humor verwandt und Grundlage des Menschseins und der Menschlichkeit sind[36] . Simon vergleicht Freuds Humor-Aufsatz mit seinem Buch „Das Unbehagen in der Kultur" und sieht im Humor eine Möglichkeit, die im „Unbehagen..." beschriebenen Schuldgefühle zu überwinden[37] . Schließlich sieht Mishkinsky im Humor einen Ermutigungsmechanismus (courage mechanism): „Er hilft uns im Alltagsringen gegen die Stolpersteine, die uns in unserem menschlichen Dasein im Wege sind und uns zurückschrecken lassen, in uns ein Gefühl von Furcht und Angst erzeugen." Wie Freud sieht er auch die den Schwierigkeiten des Lebens trotzende Haltung des Humorvollen: „Der Mensch, der die Wirklichkeit mir Humor betrachtet, sieht sie zunächst und vor allem als eine Herausforderung"[38] .

Wichtig, aber in diesem Buch zu weit führend, erscheinen mir die

Betrachtungen über die Entstehung und Entwicklung des Humors beim Kind. Wer sich hierfür interessiert, schlage die Anmerkung[39] zu diesem Kapitel auf.

Ich schließe diese Betrachtung der psychoanalytischen Auffassung mit einer Einschätzung der Beiträge von Freuds Nachfolgern. Flugel schreibt hierzu: „Insgesamt muß festgestellt werden, daß die Beiträge zur Metapsychologie des Humors durch die auf Freud folgenden psychoanalytischen Autoren lange nicht so überzeugend, erhellend und untereinander konsistent waren, wie man angesichts der erhebenden Anzahl von Artikeln... hätte hoffen können"[40]. Dennoch meine ich, daß bei aller Unterschiedlichkeit in den Gedankengängen die positive Auffassung des Humors bei fast allen Autoren überwiegt. Humor ist für den Menschen, der über ihn verfügt, wie auch für seine Mitmenschen wohltuend. „Der Humorvolle in unserem Sinn (ist) eine gütige, freundliche und weise Persönlichkeit, die sich und die Umwelt ohne die verletzende Schärfe der Ironie und des Sarkasmus nicht allzu ernst nimmt, tolerant ist und ausgleichend wirkt" und dem es gelingt, Realitäts- und Lustprinzip in Einklang zu bringen, „die Realität lustvoll zu empfinden"[41].

Der Humor in der psychoanalytischen Therapie

Argumente gegen den Humor

Freud hat sich zum Humor in der psychoanalytischen Behandlung nicht geäußert. Es ist allerdings anzunehmen, daß er – der Problematik der Gegenübertragung wegen – für Abstinenz plädiert hätte. Wenn auch im Laufe der Jahrzehnte immer wieder einzelne Arbeiten zu diesem Thema verfaßt wurden, setzte erst 1971 Lawrence Kubie den Grundstein zu einer lebhaften Diskussion über Sinn und Zweck therapeutischen Humors. Kubies Aufsatz „Das zerstörerische Potential des Humors in der Psychotherapie" ist eine weit ausholende Warnung vor dem Gebrauch von Humor durch den Psychoanalytiker. Der Patient würde hierdurch nur Schaden erleiden, und es gäbe nur wenige Ausnahmen, in denen Humor in der psychoanalytischen Sitzung angebracht sei. Folgende Gefahren sieht Kubie im therapeutischen Humor:

Die Verwendung von Humor durch den Therapeuten ist ein Ausleben seiner Aggressionen. Er nutzt hierdurch den Patienten aus,

„Die Sache ist ganz einfach. Du brauchst nur zu sagen, was dir gerade in den Sinn kommt."

dieser gerät in eine noch stärker exponierte und verletzbare Lage, als sie sowieso in der Therapiesituation gegeben ist. Der Therapeut verfügt durch den Humor über ein gefährliches Mittel, seine Feindseligkeit gegenüber dem Analysanden auszuleben. Hierfür gibt uns Roncoli ein Beispiel aus ihrer Praxis: Eine zwanghafte Patientin drückte bei jeder Gelegenheit aus, sie sei intellektuell minderwertig, bis ihr die ungeduldig gewordene Analytikerin schließlich bestätigte: „Ja, das stimmt; Sie sind tatsächlich intellektuell minderwertig!" Roncoli kommentiert, daß in dieser ironisch-humorvoll gemeinten Gegenübertragungsreaktion Feinseligkeit ausgedrückt wurde und sie — nachträglich — als ungünstig für den Patienten eingeschätzt werden müsse[42].

Der Humor dient dem Psychoanalytiker zur Abwehr eigener Ängste — damit aber auch zur Verschleierung derselben. So wird der unsichere Therapeut das Ansprechen für ihn unangenehmer Themen mit einer humorvollen Wendung versuchen. Humor kann eigentlich als Abwehr gegen alle Arten seelischer Schmerzen dienen und somit der Verdrängung derselben. Der Patient wird den Humor nur zu gerne aufnehmen, um z.B. Eingeständnisse der eigenen Krankheit abzuwehren. In ihrer Anstrengung, die Annahme von Hilfe zu vermeiden, können sich Patienten sogar über ihre eigenen Symptome lustig machen. Tappt der Analytiker in eine solche Falle, indem er in den Humor des Patienten einstimmt, so verstärkt er dessen Abwehrmechanismen. Überdies neigen Patienten dazu, ihre besten Fähigkeiten und Charakterzüge abzuwerten, indem sie diese — auch dies ein Ausdruck ihrer Neurose — mit spottendem Humor behandeln. Der Therapeut muß sich auch in solchen Fällen davor hüten, in das spottende Lachen einzustimmen und so die Depression zu vertiefen.

Der Gebrauch von Humor durch den Therapeuten verhindert den Fluß der freien Assoziation. Viele Patienten verfallen durch eine unpersönliche, heitere Atmosphäre, der sie auf Grund ihrer Problematik nicht folgen können, in Schweigen. Der Gefühls- und Gedankenfluß wird in seinem spontanen Lauf abgelenkt oder aufgehalten.

Der Patient gerät aber auch dem ehrlichen Ausdruck seiner Gefühle gegenüber in eine zwiespältige Lage: Selbst bei Witzen, die ihn zur Zielscheibe machen, wird der Patient sich meist genötigt fühlen, mitzulachen, wenn auch nur, um dem Therapeuten den eigenen Sinn für Humor zu beweisen. Unter dem erzwungenen Lächeln kocht er aber vor verstecktem und anhaltendem Ärger. Ein solches Zurück- oder Geheimhalten seiner Wut wirkt zersetzend auf die Therapie. Der Patient wird mehr und mehr befürchten, daß seine Leiden nicht ernst genommen werden, und viele seiner Probleme gar nicht erst aussprechen. „So rollt der Humor des Therapeuten wie eine Dampfwalze über die Verzweiflung des Patienten"[43].

Möchte hingegen der Analysand das im Scherz ausgesprochene Wort des Therapeuten ernsthaft besprechen, so sieht er sich wieder vor einem Dilemma: Lacht er über den Scherz, so kann er ihn nicht ernsthaft besprechen; lacht er nicht, so muß er befürchten, daß der

Analytiker es als Tadel für seinen Humor interpretiert. Diesen Eindruck zu vermitteln wird der Patient vermeiden wollen.

Der Therapeut gibt mit seinen Scherzen der Versuchung nach, sich in Szene zu setzen: ‚Schau mal, wie brillant, geistreich und charmant ich sein kann!' Mit dieser Art des *Exhibitionismus* gerät der Therapeut in Gefahr, um den Patienten zu buhlen – ein Gegenübertragungsproblem, das er vermeiden sollte.

Indem er sich über die Probleme des Patienten lustig macht, projiziert der Analytiker insgeheim seine eigenen Probleme. Der Patient gerät in die Rolle des Prügelknaben, der als Stellvertreter für die Ehefrau, die Eltern, Kinder oder Freunde des Analytikers oder für dessen unbewältigte Probleme herhalten muß.

Der Therapeut kann den Analysanden verletzen: Ein Witz kann tiefliegende, in der Kindheit geschlagene Wunden aufreißen. Der Analytiker sollte beachten, daß er selten der erste ist, der etwas Komisches am Leben, an den Gefühlen oder am Verhalten des Patienten findet. Solange der Analytiker nicht weiß, ob der Patient in seiner Kindheit dem Necken oder der Verspottung ausgesetzt war, sollte er auf humorvolle Äußerungen verzichten.

Humor unterwandert die technischen Regeln der Psychoanalyse (z.B. Abstinenzregel, Trennung beruflicher von privaten Kontakten), die den Patienten vor den Schwächen des Therapeuten bewahren sollen. Der Analytiker darf diese Regeln nur unter besonderen Vorsichtsmaßnahmen brechen. Humor ist jedoch eine subtile Art, diese zu umgehen. Er schwächt die Selbstbeobachtung und Selbstkorrektur des Analytikers. Überdies entsteht durch das gemeinsame Lachen eine starke emotionale Verstrickung, ähnlich derjenigen, die durch gemeinsames Leid entsteht.

Obwohl Kubie ernsthafte Bedenken gegen den Gebrauch von Humor durch den Therapeuten anmeldet, sieht er in gewissen Fällen doch die Möglichkeit eines günstigen Einflusses. So meint er, Humor sei ein ‚soziales Schmiermittel', das bei bestimmten Menschen Anspannung und Schüchternheit lockern kann und so die ersten Schritte zum Gespräch erleichtert. Auch bewertet er *den vom Analysanden ausgehenden Humor sehr positiv.* Dieser kann Ausdruck einer Zustandsbesserung sein. Überhaupt sieht er in einem späten Stadium der Analyse, wenn der Patient ein gewisses Verstehen seines Selbst erreicht hat, eine entwicklungsfördernde Möglichkeit des sanften und einfühlsamen Humors: Der Patient kann dadurch dazu ermutigt werden, die gewonnenen Einsichten zur Exploration und bewußten Kontrolle noch vorhandener neurotischer Anteile zu verwenden. Auch in der Endphase der Psychoanalyse hat der vom Analytiker und Patienten geteilte Humor viele Vorteile, denen gegenüber das Risiko, daß anhaltende Symptome übersehen werden, relativ gering ist. Kubie betont, daß nur erfahrene Psychoanalytiker das Risiko eingehen sollten, in der Therapie humorvoll zu sein, stets unter Beachtung des Unterschiedes, der zwischen Mitlachen und Auslachen besteht.

Argumente für den Humor

Kubies Aufsatz wurde von einer Reihe von Psychoanalytikern kritisiert. Diese beziehen sich auf Freuds Theorie und betonen die Möglichkeit der Ich-Stärkung durch Humor. Folgende Vorteile des Humors in der psychoanalytischen Therapie werden angeführt:

Humor kann und soll in den Dienst einer Stärkung des Patienten-Ichs sowie des therapeutischen Bündnisses gestellt werden. Er dient auch als Zeichen für die Stabilität des Bündnisses. Natürlich kann mißverstandener Humor — in Form von Spott oder tendenziösen Witzen — ein Aggressionsventil für den Analytiker darstellen. Diese Problematik entsteht aber auch ohne Humor: Hinter der Einhaltung des Abstinenzprinzips oder von Objektivität gegenüber dem Analysanden können sich Aggressionen ebenso verbergen[44]. Die Regeln der Psychoanalyse müssen so ausgelegt werden, daß sie dem Patienten bei der Erarbeitung seiner Probleme dienlich sind, und nicht, um die Abwehr des Analytikers zu unterstützen[45]. Ein Psychoanalytiker, der Humor zur Verfolgung eigener Interessen mißbraucht, ist demnach als Therapeut ungeeignet[46].

Humor kann die freie Assoziation des Patienten fördern. In der Psychoanalyse spielt die Aufteilung des Ichs in einen beobachtenden und einen handelnden Teil eine wesentliche Rolle. Humor unterstützt eine solche Aufteilung und ermöglicht dem Patienten die Erkenntnis dessen, was gerade in ihm abläuft[47]. Die emotionale Absicht des Humors hat zwei Aspekte: Eine belebende, freundliche Seite verbündet sich mit dem beobachtenden, frei assoziierenden Ich, während eine kritische, mild-ironische Seite die Widerstände aufzeigt. Poland berichtet von einer Patientin, die schon längere Zeit bei ihm in psychoanalytischer Behandlung war, und zu Beginn einer Sitzung mit großer Wut darüber schimpfte, wie ihr Vater sie als Kind daran gehindert hatte, bestimmte Bücher mit sexuellem oder aggressivem Inhalt zu lesen: ‚Nein, das ist ein Buch für Männer!' Im Verlauf der Sitzung beklagte sie sich – wie schon oft zuvor – über ihren Ehemann, der zu wenig hergab, und über Männer überhaupt. Hiernach drückte sie ihre Unzufriedenheit mit der Behandlung aus, insbesondere ihr Gefühl, sie würde zu wenig vom Analytiker bekommen. Sie überlegte, Karen Horneys Buch „Selbstanalyse" zu lesen (wohl um sich mit dem zu versorgen, was sie vom Analytiker nicht bekommen hatte). An dieser Stelle bemerkte sie auf dem Bücherregal des Analytikers die gesammelten Schriften Karen Horneys und fragte ihn, ob sie sich einen Band ausleihen könne, worauf der Analytiker antwortete: ‚Nein, das ist ein Buch für Männer!' Die Patientin lachte, und es folgte eine Bearbeitung der in dieser Sitzung zutage getretenen Vaterübertragung. Die freie Assoziation war durch die humorvolle Bemerkung nicht gehemmt worden, sondern hatte neuen Antrieb erhalten. Ebenso erlebte die Patientin eine Verstärkung des therapeutischen Bündnisses. Sie konnte sich aus den Fesseln der Übertragungsgefühle lösen und ihre diesbezüglichen Probleme aus einer anderen Warte betrachten[48].

Der Humor des Therapeuten dient dazu, im Analysanden Humor im Sinne Freuds aufzubauen. Reik schreibt in diesem Zusammenhang: „Das Lachenkönnen über einen Teil seines Ichs bedeutet, daß der Patient fähig ist, etwas zu sehen, was er sein Leben lang verborgen hat, und es als etwas Vertrautes anerkennt"[49]. In diesem Sinne sollte auch Humor gebraucht werden: Wohlwollende Teile des Über-Ichs zu mobilisieren, so daß dieser das Ich tolerierend unterstützt. Humor wirkt Ich-erhöhend, indem er ein Gefühl der Selbstbehauptung fördert, und erleichtert so die Bearbeitung unangenehmer Gefühle ohne große Angst. Der Analytiker kann mit Hilfe des Humors die Rolle des wohlwollenden Elternteils übernehmen. Der von Freud beschriebene intrapsychische Vorgang des Humors wird so zunächst zu einem interaktiven Prozeß, der dann vom Analysanden verinnerlicht werden kann. Die Entwicklung, die in der Kindheit hätte stattfinden müssen, wird so in der Therapie nachgeholt.

Eine vom Humor getragene Deutung kann die Bewußtwerdung verdrängten Materials fördern. Indem der Patient Rückschlüsse aus Deutungen ziehen muß, die in Form von Allegorien, Zitaten, Vergleichen, Anekdoten oder Witzen gegeben werden, können ähnliche Mechanismen in Gang kommen, wie sie Freud in seiner Witztheorie beschrieben hat: Verdrängte Gefühle und Bedürfnisse kommen zum Vorschein.

Grotjahn berichtet z.B. von einer Patientin, die in einer Phase ihrer Analyse, in der sie die masochistischen Züge ihrer Charakterneurose durcharbeitete, einen Mann kennenlernte, der sie offensichtlich mochte und den sie mit dem größten Vergnügen ‚heruntermachte'. Grotjahn erkannte die Aggressionen der Patientin gegen sich selbst, die sich in der Verachtung des geliebten Menschen ausdrückte. Ein direkter Hinweis auf diesen Zusammenhang schien ihm nicht angebracht, weil die Patientin die Deutung zur Selbstbestrafung nützen würde. Er erzählte ihr daher den schon von Freud zitierten Witz: „Ein Jude spielt mit einem anderen Mann Karten, ärgert sich aber über die Schwerfälligkeit und Dummheit seines Partners, wirft schließlich die Karten hin und zieht aus der Situation die Schlußfolgerung: Was kann man schon von einem Mann verlangen, der *mit mir* Karten spielt!" In der Pointe des Witzes erkannte die Frau die Motive für ihr eigenes Verhalten gegenüber dem Freund und die zugrundeliegende masochistische Haltung[50]. So wurde eine Deutung akzeptierbar, die sonst auf Ablehnung gestoßen wäre.

Grotjahn und Rosen meinen in diesem Zusammenhang, daß ein Patient, der zum Lachen gebracht wurde, größere Bereitschaft zeigt, eine Deutung anzunehmen[51]. Dies ist eine Umkehrung von Freuds Überlegung, daß ein Patient dann über eine — nicht unbedingt lustige — Deutung lacht, wenn er bereits nahe an seinem Unbewußten ist und somit die Deutung sofort versteht[52].

Der Humor des Analytikers dient dem Patienten als Modell. Poland und Roncoli sehen im therapeutischen Humor den Ausdruck von Spontaneität[53]. Da spontane Reaktionen nicht der bewußten Kontrolle unterliegen, liegt im Gebrauch von Humor das Risiko eines Fehlschlags. „Mit der Anwendung von Humor in der Psychotherapie riskiert der Therapeut, unvollkommen, fehlerhaft und menschlich zu sein. Aber er gibt so auch dem Patienten die Möglichkeit, sich unvollkommen, fehlerhaft und menschlich zu verhalten[54]. Die humorvolle Haltung des Therapeuten drückt seine innere Freiheit aus, spielerisch mit unangenehmen oder ängstigenden Gefühlen und Situationen umzugehen. Modellcharakter hat auch die Fähigkeit des Therapeuten, über sich selbst zu lachen. Mindess sieht hierin eine wesentliche Voraussetzung für die Anwendung von Humor in der Psychotherapie[55]. Es kommt z.B. vor, daß der Patient einen Witz über den Therapeuten macht. So berichtet Greenwald von einem Patienten, der seine Bemerkung, er sei Atheist, mit den Worten kommentierte: ‚Ich weiß, warum Sie nicht an Gott glauben: Als Sie herausfanden, daß Gott nicht an Harold Greenwald glaubt, wurden Sie Atheist[56] . Auch wenn er die hinter diesem Scherz versteckte Aggression bemerkt, kann ein humorvoller Therapeut in einem solchen Fall lachen; der Patient beobachtet ein wesentliches Merkmal des humorvollen Menschen und kann es übernehmen.

Auch eine flexible Umgangsweise mit unangenehmen Situationen dient dem Patienten als Modell. Burbridge führt als Beispiel eine Situation an, in der ein Klient in das Zimmer des Therapeuten eintritt und hierbei stolpert. Der Patient neigt dazu, sich wegen eines solchen unbedeutenden Mißgeschicks zu verurteilen. Dasselbe erwartet er von seinem Therapeuten. Diesem obliegt nun die Aufgabe, einen angemessenen Umgang mit einem solchen Vorfall zu verdeutlichen: ,Hoppla!' und ein (ungezwungenes!) Lächeln mögen genügen, um dem Klienten zu zeigen, wie er zwischen wesentlichen und unwesentlichen Fehlern unterscheiden kann. Hingegen wird die Bedeutung des Vorfalls aufgebläht, wenn der Therapeut in ernstem Ton fragt: ,Ich habe bemerkt, daß es Ihnen unangenehm war, zu stolpern. Möchten Sie hierüber sprechen?'[57] .

Alle Psychoanalytiker, die den Gebrauch von Humor in der Therapie befürworten, betonen die *Vorsicht*, die hierbei zu walten hat, meinen jedoch, daß dies für *alle* in der Psychoanalyse angewandten Mittel und Techniken notwendig ist. Es muß gewährleistet sein, daß der Analysand Vertrauen in die Güte des Therapeuten hat und in seine Bereitschaft zu helfen. Der Analytiker muß erkennen, ob der Patient zu einer richtigen Einschätzung der Person des Therapeuten und der Beziehung gelangt ist. Paranoide Züge im Patienten können z.B. dazu führen, daß er Witze als Angriffe versteht und so der therapeutische Prozeß blockiert wird. Erkennt der Patient hingegen die freundliche und helfende Absicht in der humorvollen Bemerkung, daß also der Therapeut *mit* ihm lacht und nicht *über* ihn, so hat die Zuversicht über das Mißtrauen gesiegt, und beide haben einen Schritt in Richtung einer offenherzigen Auseinandersetzung getan.

Der Analytiker sollte sich sicher sein, daß er den Patienten mag und anerkennen kann. In diesem Fall wird eine humorvolle Bemerkung die unausgesprochene Mitteilung für den Patienten enthalten: ,Ich weiß, daß Sie im Moment gerade leiden. Aber ich weiß auch, daß sie die Stärke und die Fähigkeit besitzen, von diesem Leiden wegzukommen, es sich anzuschauen und zu sehen, was sie aus ihm machen können... und wie Sie die Situation meistern können'[58] . Versteht der

Analysand diese Mitteilung, so wird er den Humor positiv aufnehmen, und dieser wird zu einem Mittel, Einsichten in sehr affektsparender Form zu vermitteln.

Weiterhin erfordert die Anwendung von Humor eine relative Freiheit von Abwehr eigenen Gefühlen gegenüber. Daß feindselige Gefühle gegenüber dem Patienten im Analytiker Abwehr hervorrufen können, ist wahrscheinlich, da er sie nicht mit seinem Selbstverständnis als Therapeut vereinbaren kann. Deshalb sollte er besonders auf solche ihm unangenehmen Gefühle achten, bevor er einen Witz macht. Humor, der bestimmte Gefühle verschleiert, ist für den therapeutischen Prozeß gefährlich.

Darf man den Patienten auf den Arm nehmen?

Ein besonderes Augenmerk richtet die psychoanalytische Literatur auf die Frage, ob und wie der Therapeut den Patienten ‚aufziehen' sollte. Rosen und Roncoli befürworten eine vorsichtige und wohlmeinende Form, den Patienten auf den Arm zu nehmen[59]. Am besten werden Möglichkeiten und Probleme des Auf-den-Arm-Nehmens an einigen Beispielen deutlich:

Im ersten Beispiel war das Aufziehen Ausdruck verdrängter Aggressionen des Analytikers: Rosen berichtet von einer Patientin, die sich in einer bestimmten, eher stagnierenden Phase ihrer Analyse befand, als sie während einer Sitzung ausdrückte, sie fühle sich so, als „sei (sie) nur mit dem Körper, aber nicht mit dem Geist da". Sie verabschiedete sich an diesem Tag mit den Worten: „I'll See you tomorrow if I am still alive" (Ich sehe Sie morgen wieder, falls ich noch am Leben bin — amerik. Redewendung). Rosen, der in den vorangehenden Sitzungen bereits ungeduldig geworden war, erwiderte: „Und falls nicht, kommen Sie im Geist und lassen Sie ihren Körper zu Haus". Rosen erkannte etwas später die aggressive Komponente in dieser Bemerkung, und auch die Patientin drückte in der darauffolgenden Sitzung ihren Ärger über die Unempfindlichkeit des Analytikers aus[60].

Als zweites Beispiel dient ein gelungener Fall von ‚Aufziehen' aus Roncolis Praxis: Eine Patientin unternahm große Anstrengungen, um vollkommen zu sein. In einer Sitzung sprach sie darüber, wie sie versuchte, alle in der Therapie gewonnenen Einsichten in ihrem Leben umzusetzen. Sie fand allerdings, daß ihr das noch nicht richtig geländе. Gereizt durch die zu nichts führenden Versuche der Patientin, perfekt zu sein, wollte Roncoli ihr sagen: „Um Gottes Willen — und um meines auch — entspannen Sie!"Stattdessen übertrieb sie die Sorgen der Patientin und sagte: „Bitte sorgen Sie dafür, daß Sie auch *alles*, was wir hier besprechen, sofort umsetzen... Seien Sie bloß immer auf der Hut, ja nichts zu übersehen!" Die Patientin zögerte einen Augenblick, dann lachte sie[61]. Roncoli stellt in diesem Zusammenhang fest, daß es beim zwanghaften Patienten oft notwendig ist, den Fluß der freien Assoziation — der zwanghaften Gedanken — zu stoppen.

Das dritte Beispiel handelt von einer Patientin, die bereits mehrere Monate bei Mindess in psychotherapeutischer Behandlung war und bei einer Sitzung damit drohte, Selbstmord zu begehen. „Sie hatte bereits in der Vergangenheit gelegentlich Selbstmordabsichten geäußert, so daß ich jetzt, wo sie wehklagte, ihr Leben sei so armselig, daß sie sich selbst umbringen würde, sagte: ‚Ach ja. Das ist die großartige Lösung, die Sie bereits früher gefunden haben.' Anstatt mir zu erwidern, ich solle zur Hölle fahren, erkannte sie ihre Torheit und verzichtete auf ihr Manöver"[62].

Wie wir sehen können, hat sich die Psychoanalyse eingehend mit den Vorzügen und Gefahren des Humors in der Therapie auseinandergesetzt. Die Mehrheit der Autoren befürwortet den Humor, da er das therapeutische Bündnis festigt und oft Einsichten in einer Art vermittelt, wie es in einer formaleren, rein rationalen nicht möglich ist. Bei scharfer Abgrenzung gegenüber dem Lachen auf Kosten des Patienten sehen diese Autoren im Lachen *mit* dem Analysanden einen Motor zur genaueren Erkenntnis sowohl seines Innenlebens als auch der zwischen ihm und dem Therapeuten ablaufenden Prozesse.

Es ist Zeit, das nächste Kapitel in Angriff zu nehmen

Kapitel 8
Individualpsychologie und Humor

In der Theorie und Praxis der Individualpsychologie Alfred Adlers nehmen Humor, Heiterkeit und Lachen eine bedeutsame Stellung ein. Auch Adler hat — wie Freud — den Humor in sein theoretisches System einbezogen, den er eng mit einer gesunden Entwicklung des Menschen verbindet. Explizit hat er allerdings dieses Thema nur in einem kurzen Artikel gestreift. Wir müssen in sein allgemeines theoretisches Gebäude einsteigen, um die Zusammenhänge herauszufinden.

Gemeinschaftsgefühl und Heiterkeit

Die Lehre vom *Gemeinschaftsgefühl* ist ein Grundpfeiler der Individualpsychologie. Adler sieht — im Gegensatz zu Freud — in jedem Menschen eine von den Entfaltungsmöglichkeiten in der Kindheit abhängende Disposition, sich der Gemeinschaft zuzuwenden.

Jedes Individuum strebt demnach vom Tag seiner Geburt an aus einem Gefühl der Schwäche und Minderwertigkeit nach einem Lebensziel, das in der Überwindung aller Schwierigkeiten seines menschlichen Daseins besteht. „Befriedigend... kann das nur auf der nützlichen Seite (des Lebens) geschehen, im entwickelten Gemeinschaftsgefühl, wo das Individuum sich als wertvoll... für die Allgemeinheit empfindet"[1]. Wächst das Kind in einer fördernden Atmosphäre auf, so wird die Überwindung seines Minderwertigkeitsgefühls auf der „Linie der Entwicklung zu Mitleben und Mitarbeit" liegen, in der „auch Raum für seine Geltung vorhanden ist", wobei es nicht in Widerspruch zu seiner Umwelt gerät[2]; unter solchen Bedingungen kann das Kind Gemeinschaftsgefühl entwickeln.

So wie Adler das Individuum in seiner Beziehung zu den Mitmenschen betrachtet, sieht er auch den Humor aus diesem Blickwinkel. In seinem Buch „Menschenkenntnis" hebt er hervor, daß sich der

Grad des Gemeinschaftsgefühls eines Menschen in seiner „Bereitschaft, zu helfen, zu fördern und zu erfreuen" ausdrückt. „Es sind Menschen, die ein heiteres Wesen haben,... die es fertigbringen, im Zusammensein mit anderen Heiterkeit auszustrahlen, das Leben zu verschönern und lebenswerter zu machen. Man spürt den guten Menschen nicht nur in ihren Handlungen, in der Art, wie sie sich uns nähern, mit uns sprechen, auf unsere Interessen eingehen,... sondern auch in ihrem ganzen äußeren Wesen, in ihren Mienen und Gebärden, in freudigen Affekten und in ihrem Lachen"[3]. Die freudigen Affekte vertragen die Isolierung nicht, man findet in ihren Äußerungen (wie Kontaktsuche, Umarmung usw.) eine verbindende Attitüde, „...sozusagen ein Händereichen, eine Wärme, die auf den anderen ausstrahlt und ihn ebenfalls erheben soll"[4]. Wir finden somit im heiteren, humorvollen Menschen ein besonders hoch entwickeltes Gemeinschaftsgefühl.

Neurose als fehlender Humor

Ist die Erziehung ungünstig, so verstärkt sich bereits in der frühesten Kindheit das Minderwertigkeitsgefühl. Das Kind sieht seine Umwelt übermächtig und feindselig, sich selbst aber besonders klein und hilflos. In der hier beginnenden neurotischen Entwicklung wird es nach einem Ziel von Größe und Überlegenheit streben, um seine quälenden Kleinheitsgefühle zu ‚übertönen‘. Diese tatsächliche oder nur scheinbare Überlegenheit wird „meist auf Kosten der anderen gesucht und ist der unnützlichen, gemeinschaftswidrigen Seite des Lebens zuzuschreiben"[5]. Dabei verfestigt sich mit der Zeit seine individuelle, private Sichtweise einer feindseligen Welt, denn sein Verhalten stößt auf Ablehnung. Die Folge ist, daß sich der neurotische Mensch nicht mit anderen solidarisch fühlt; durch eine ‚getönte Brille‘ sieht er in seinen Mitmenschen nur Rivalen im Machtkampf. Der Mensch ist verhärtet, kann die Welt nur aus *einem Blickwinkel* betrachten und entwickelt keinen Humor.

Dieser im neurotischen Menschen entwickelten eigenen Sichtweise der Welt — von Adler auch Apperzeptionsschema genannt — stellt Adler den ‚common sense‘ gegenüber. Während die sinngemäße Übersetzung dieses Ausdrucks ‚gesunder Menschenverstand‘ wäre, hat Adler wahrscheinlich auch die wörtliche Übersetzung im Auge gehabt: gemeinschaftlicher (oder gemeinsamer) Sinn. So erklärt er den common sense als die „gesellschaftlich-durchschnittliche" Sichtweise, die „alle Logik, alle Weltvernunft umfaßt"[6] . Der common sense ist untrennbar mit dem Gemeinschaftsgefühl verbunden; alle Handlungen, alle Ausdrucksformen des Menschen, die gemeinschaftsfördernd wirken, sind vom common sense getragen.

Aus der Sichtweise des common sense erscheint nun das Verhalten eines neurotischen Menschen unlogisch. Seiner eigenen Sichtweise entsprechend folgt er einer privaten Logik, die Außenstehenden wie ein Witz vorkommen mag[7]. Ein mir mitgeteiltes Beispiel soll dies erläutern. Eine Freundin berichtete mir, daß ihr Sohn in der Schule zunächst sehr gut war, dann aber bis zur vierten Klasse in Rechtschreibung so weit nachließ, daß die Lehrerin vorschlug, er solle nicht mehr am normalen Deutschunterricht teilnehmen, sondern an einem Förderkurs. Die Mutter fragte daraufhin ihren Sohn: „Axel, so doof bist du doch gar nicht. Willst du nicht versuchen, dich im normalen Unterricht zu verbessern?" Der Sohn antwortete hierauf: „Wieso denn? In der Klasse würde ich zu den schwächeren gehören; im Förderkurs wär' ich aber der Beste!".

Die Argumentation des Schülers erscheint uns ‚wie ein Witz'. Tatsächlich sieht Adler (wie auch Freud, aber aus einem anderen Blickwinkel) eine Parallele zwischen neurotischem Verhalten und Witzen. Am Anfang eines Witzes wird unsere Aufmerksamkeit zunächst in eine bestimmte Richtung gelenkt; die Pointe wird dann dadurch erzielt, daß überraschend eine ganz andere Betrachtungsweise eingebracht wird. So in der Geschichte von Klein Jossele, der vom Lehrer gefragt wird: ‚Jossele, wer war Moses?' — ‚Moses war Sohn von ägyptischer Prinzessin.' — Aber nicht doch, Jossele, Moses war der Sohn einer jüdischen Mutter. Die ägyptische Prinzessin hat ihn nur im Nil auf einem kleinen Boot treibend gefunden!' — Hierauf Jossele: ‚Erzählt *sie*!'

Hatten Sie schon einmal die Herkunft Moses' aus diesem Blickwinkel betrachtet?

Gehen wir abschließend noch einmal auf das Beispiel des Schülers ein, der lieber in den Förderkurs möchte. Sein Verhalten erscheint uns zunächst unverständlich, weil wir seine Handlungen unter einem anderen Blickwinkel betrachten als er. Versetzen wir uns aber in seine Sichtweise der Welt, so werden wir verstehen, warum er so ‚unlogisch' handelt. Dieser Schüler hatte sich durch eine jüngere Schwester ‚entthront' gefühlt und daraufhin Strategien entwickelt, mit deren Hilfe er ein Gefühl der Überlegenheit erlangen konnte. An diesem Beispiel können wir erkennen, daß der Neurotiker für sein Verhalten ‚Kriegskosten' zahlen muß. Oft sind seine Anstrengungen „auf der Unnützlichkeitsseite des Lebens... größer als jene, die er benötigen würde, um als Mitmensch zu florieren"[8].

Der Humor in der individualpsychologischen Therapie

Vermittlung einer anderen Sichtweise

Eines der Hauptziele der individualpsychologischen Therapie ist es laut Adler, die den Gedanken, Gefühlen und Handlungen des Neurotikers zugrundeliegenden falschen Betrachtungsweise der ihn umgebenden Welt — sein „Zappeln im Netzwerk seiner eigenen Fiktion", wie Adler sagte — aufzuzeigen. Rattner schreibt in diesem Zusammenhang: „Das Leben des Neurotikers ist tragisch und komisch, d.h. tragisch für ihn selbst und komisch für den außenstehenden Betrachter"[9].

Ein Beispiel für diese Tragikomik entnehmen wir einem Artikel Paul Roms: Ein Therapeut hatte eine Patientin, deren ‚Nervosität' in ihrem Ehrgeiz begründet lag, immer vollkommen zu sein. Er schlug ihr vor, auf ein Papier, das sie gut sichtbar aufhängen sollte, zu schreiben: „Um ein vollkommener Mensch zu sein, muß ich den Mut haben, nicht ganz vollkommen zu sein." Was geschah? Sie schrieb diese Wörter nieder, fand jedoch die Handschrift nicht vollkommen genug und wiederholte ihr Werk dreimal, bis sie es für perfekt genug hielt[10]. Der Komik, die wir beim Lesen empfinden, steht sicherlich die Tragik der Patientin gegenüber, die sich mit solchen Zwangshandlungen an einem erfüllten Leben hindert.

Adlers Humor in der therapeutischen Praxis

Die Biopgraphien Adlers beschreiben ihn als einen Menschen, der über viel Humor verfügte. Der Kontakt zu seinen Mitarbeitern war von Arbeit, aber auch von Heiterkeit geprägt. In einem der bekannten Wiener Cafes stand er ihnen bei regelmäßigen Zusammenkünften mit Rat und Tat zur Seite, diskutierte und hielt improvisierte Vorlesungen. Paul Rom schreibt, daß er gern Anekdoten erzählte und „als einer der besten Witzeerzähler galt — dabei enthielt ein Witz von ihm oft mehr Weisheit als eine ganze Universitätsvorlesung"[11]. Ein Beispiel hierfür ist eine Geschichte, mit der Adler davor warnen wollte, sich mit dem Patienten in Streitigkeiten einzulassen: „Ein Versicherungsvertreter lag im Sterben. Da er Atheist war, bat die um sein Seelenheil beunruhigte Familie einen Priester, ihn doch noch vor seinem Tode zu bekehren. Der Priester kam und schloß sich mit dem Sterbenden ein. Die draußen wartende Familie hörte ein langes, erregtes Gespräch zwischen den beiden. Endlich kam der Priester aus dem Zimmer. Die Verwandten fragten den sichtlich Erschöpften: ‚Nun, Hochwürden, haben Sie ihn bekehrt?‘ ‚Nein‘, sagte der Priester, ‚aber ich habe bei ihm eine Versicherung abgeschlossen!‘ "[12].

Es liegen uns auch mehrere Beispiele dafür vor, wie Adler seine Überlegungen in die therapeutische Praxis umsetzte. Er übte seine therapeutische und erziehungsberatende Tätigkeit so weit wie möglich in der Öffentlichkeit aus, z.B. in den Wiener individualpsychologischen Beratungsstellen oder in Seminaren für Studenten der einschlägigen Fächer. Adler bevorzugte dabei eine humorvolle Vermittlung von Erkenntnissen. Die Gespräche mit seinen Patienten hatten „meist einen leicht-freudigen, humorvollen Einschlag"[13]. Gelingt es dem Therapeuten auf diese Art, seinem Patienten „ die wesentlichsten Verstrickungen, unter denen er leidet, in einem humorvollen Blickwinkel zu zeigen, so ist in der Regel der Anfang der Heilung bereits gewonnen"[14]. Dies hat nicht nur den Effekt, daß der Blick des Patienten von seinem privaten auf das „gesellschaftlich-durchschnittliche Bezugssystem"[15] gelenkt wird, sondern er lernt auch „trotz Bedrängnissen aller Art über sich selbst und die Welt lächeln oder gar lachen"[16] zu können.

Ein Beispiel soll aufzeigen, wie Adler es verstand, durch freundliche, humorvolle und auch leicht ironische Bermerkungen seine Patienten zu erreichen und ihnen die Augen für eine andere Sichtweise zu öffnen. Einem von ihm gehaltenen Seminar stellte er den Fall der „gebieterischen Mutter" vor. Es ging um einen 11jährigen Jungen, der durch verschiedene Umstände, insbesondere durch die von seiner Mutter ausgehende Verwöhnung, stark entmutigt wurde und in der Schule versagte. Die Mutter wurde hinzugerufen und bereitete das Auditorium darauf vor, daß der Junge sehr schüchtern sein würde, vor allem wegen der unerwarteten, großen Zuhörerschaft. Nun wurde der Junge in den Raum gebeten. Sofort rief die Mutter: „Komm her, Buster!", worauf Buster gleich auf sie zurannte und sie umklammerte. Adler sprach ihn nun an: „Mußt du deine Mutter beschützen? Ich glaube nicht, daß sie hinfällt. Ich meine, sie kann allein stehen..."[17].

Mit dieser scheinbar absurden Betrachtungsweise wollte Adler Buster (und der Mutter!) aufzeigen, wie sie ihn kleinhielt, indem sie ihn an sich band. (Bezeichnenderweise ist ‚Buster‘ ein amerikanischer Rufname, der soviel wie ‚Draufgänger‘ oder ‚Tausendsassa‘ bedeutet ...) Adler fand gegenüber dem Jungen einen liebevoll-ironischen Ton, den der Junge sehr wohl verstand, denn er antwortete hiernach auf alle Fragen, die Adler ihm stellte — und gar nicht so schüchtern, wie die Mutter es angekündigt hatte. (Nicht jeder Leser wird diese Intervention Adlers als humorvoll bezeichnen. Ich habe natürlich meine Sichtweise der Szene wiedergegeben. Zum Problem der Beispiele für therapeutischen Humor verweise ich auf meine Einleitung.)

Paradoxe Aussagen

Die oben als scheinbar absurde Aussage bezeichnete Bemerkung Adlers zu Buster erinnert an bestimmte Beispiele für die ‚paradoxe Intention‘ Viktor Frankls. Tatsächlich erwähnen Titze und Rattner, daß Adler schon lange vor seinem zeitweiligen Schüler Frankl die Paradoxie in die psychotherapeutische Praxis eingeführt hat.[18] Ein humorvoller Therapeut wird oft paradoxe Anweisungen geben. So riet Adler einem Patienten, der in Angstsituationen durch unbewußtes Luftschlucken Magen- und Atembeschwerden bekam: „Wenn Sie im Begriff sind, das Haus zu verlassen, und Sie fühlen sich in einem Konflikt, schlucken Sie schnell etwas Luft!"[19] Auf Frankls Technik der paradoxen Intention gehe ich weiter unten ein.

Verwendung von Anekdoten

Wie die Psychoanalytiker sieht auch Adler eine Erleichterung des Selbstfindungsprozesses beim Analysanden, wenn der Therapeut „die Wesensart seiner vielfältigen Schwierigkeiten durch Beispiele aus dem Bereich des Witzes, der Anekdote und des Humors veranschaulichen kann". Gelingt dies, so „vereinigen sich Patient und Therapeut, Patient und Therapiegruppe zu einem befreienden Gelächter ..."[20], das beim Analysanden die Befreiung von seinem privaten Bezugssystem ankündigt.

Im Umgang mit verwöhnten Menschen ergibt sich für den Therapeuten oft die Möglichkeit, aus seinem Anekdotenschatz zu schöpfen. Rattner beschreibt, wie solche Analysanden in der Partnersuche Schwierigkeiten haben, weil sie in der Forderung nach einer Anpassungsleistung an den anderen Menschen ein schwer zu überwindendes Hindernis sehen: „Am liebsten wäre es ihnen, wenn der ihnen zunächst fremde Partner die Züge der vertrauten, andersgeschlechtlichen Elternpersönlichkeit trüge; die Geliebte soll halbwegs auch ‚Mutter' sein, der Geliebte einigermaßen auch ‚Vater'." Einem solchen Analysanden könne man die Szene aus einem amerikanischen Film beschreiben, in der ein Mädchen vor dem Wagnis zögert, eine Ehe einzugehen und den Eltern entgegenhält: „Ihr hattet es leichter. Du, Mama, konntest den Papa heiraten; aber ich soll mit einem wildfremden Mann eine Beziehung eingehen!"[21].

Vorsichtsmaßnahmen

Auch die Individualpsychologen mahnen zur Vorsicht im Umgang mit Humor. Olson betont, daß therapeutischer Humor aufbauend sein muß und nicht niederschmetternd, so daß Sarkasmus und Zynismus, die eher den Größengefühlen des Therapeuten dienen als dem Patienten zu nutzen, auszuschließen sind.[22] Der Humor des Therapeuten soll auch echt sein, da sich der Analysand, der die Unechtheit mit hoher Wahrscheinlichkeit bemerkt, sich ‚reingelegt' fühlt und größere Widerstände aufbaut. Außerdem soll der Therapeut den Klienten sehr gut kennen und verstehen, *welche* Art von Humor *wann* für diesen Klienten angemessen ist. Auch Olson warnt (wie die Psychoanalytiker) davor, stark paranoiden Klienten gegenüber humorvoll zu sein; hingegen befürwortet er den Humor gegenüber Depressiven. Der Therapeut sollte laut Olson wissen, daß Humor — wie Verantwortungsgefühl — nicht didaktisch erlernbar ist, sondern nur mittels Beobachtung und persönlicher Erfahrung in einem langen Prozeß angeeignet wird.

Bei aller gebotenen Vorsicht läßt sich jedoch sagen, daß die Individualpsychologie dem Humor eine bedeutende Rolle im therapeutischen Prozeß zuweist, insbesondere bei der Aufgabe, dem Klienten neue Sichtweisen zu eröffnen.

Kapitel 9
Behaviorismus und Humor

In den behavioristischen Theorien wird der Humor in der Form operationalisiert, wie ich sie in Kapitel 2 beschrieben habe, d.h. es erfolgt eine Reduktion: Humorvoll ist der, der Witze erzählt bzw. auf Witze mit Lachen reagiert. Die behavioristischen Betrachtungen untersuchen insbesondere den Zusammenhang des Humors mit Trieb- und Angstreduktion bzw. mit (Antriebs-)Erregung.

Triebreduktion

Nach dem Triebreduktionsmodell ist der Humor ein sekundärer Verstärker für die Reduktion sexueller und aggressiver Triebe. „„... Humor ist deshalb angenehm, weil er den primären Antrieb von Sexualität und Aggression befriedigt und daher auch reduziert", schreibt *Levine*[1]. In Witzen über ethnische Minderheiten z.B. findet eine solche Aggressionsreduktion mit Belohnung statt. Die Parallele zu Freuds Witztheorie ist deutlich. Levine sieht allerdings im behavioristischen Modell eine Simplifizierung der Freudschen Theorie, da keine Betrachtung der unbewußt ablaufenden Vorgänge erfolgt[2].

Angstreduktion

Andere Behavioristen sehen in der Humor-Reaktion die Verringerung eines durch Bedrohung, Unwohlsein oder Unsicherheit erzeugten Erregungszustandes (arousal state). Werden bestimmte Auflösungsfaktoren als Zeichen der Sicherheit, Befreiung o.ä. gedeutet, so erfolgt Erleichterung. Die Auflösungsfaktoren können durch Humor erzeugt sein. Somit dient die Humor-Reaktion der Spannungs- oder Angstreduktion[3]. Berlyne untersucht in diesem Zusammenhang die kognitive

Komponente der Spannungsreduktion durch Humor. In angstvollen Situationen werden bestimmte zueinander passende, „kollative"[4] Hinweise kognitiv so verarbeitet, daß die Angst berechtigt erscheint. Neue, wiederum kollative Hinweise können hingegen darauf deuten, daß die Situation harmlos ist. Die kognitive Verarbeitung der neuen Hinweise führt zur Angstreduktion. Kollative Komponenten des Humors sind z.B. Neuheit, Überraschung, Zwiespältigkeit usw.[5]. Diese Variablen kennzeichnen die Pointe von Witzen. Da die Pointe durch Veränderung der Betrachtungsweise wirkt, läßt sich die kognitive Erklärung auch anders formulieren: Kognitiv gesehen erreicht eine humorvolle Situation eine Veränderung der Sichtweise — es handelt sich hier um eine besondere Form der kognitiven Umstrukturierung.

Erregungsanstieg

Nach Berlyne kann Humor nicht nur Erregung senken (z.B. Angst), sondern auch steigern. In Witzen z.B. folgt auf eine Periode der Verwirrung und Unsicherheit (Erregungsanstieg) eine der Klarheit und Sicherheit (Erregungsabfall). Sowohl der Erregungsanstieg als auch der Erregungsabfall können als Verstärker dienen, je nachdem, ob die humorvolle Situation auf einen als zu niedrig oder zu hoch empfundenen Erregungszustand folgt. So wirkt Humor regulierend auf Erregungszustände[6].

B.F. Skinner

Verstärkung

Der Humor in der Verhaltenstherapie

Berichte über Humor als Technik der Verhaltenstherapie sind ausgesprochen dünn gesät. Zwei Aufsätze über Humor als Hilfsmittel der Gegenkonditionierung sind zu erwähnen, außerdem der Humor, wie ihn die rational-emotive Therapie versteht, und schließlich ein neuerer, sehr erfreulicher Beitrag aus der deutschen Verhaltenstherapie.

Ventis berichtet von einem Fall, bei dem die systematische Desensibilisierung einer Situationsangst durch Humor unterstützt wurde: Die Items der Angsthierarchie wurden bei der Desensibilisierung ‚in sensu' so dargelegt, daß sie in einer der Klientin unerwarteten Pointe mündeten. Die Klientin lächelte oder lachte über die komisch dargestellten Situationen; es wurde nur selten notwendig, ein Item der Angsthierarchie wiederholt darzulegen. Die Klientin bewältigte die reale Angstsituation durch diese Variante der Desensibilisierung innerhalb sehr kurzer Zeit[7].

Smith wandte eine sehr ähnliche Methode zur Gegenkonditionierung von Wutreaktionen an. Mit der Klientin wurde eine Hierarchie der wutauslösenden Situationen erstellt. Der Therapeut präsentierte die Items, als seien es Szenen eines Slapstick-Films. Er hob den komischen Aspekt der wutauslösenden Situationen besonders hervor. Während die bei dieser Patientin zuvor angewandte Methode der Desensibilisierung mit Hilfe von Entspannung keine Wirkung gezeigt hatte, war die Technik der komischen Darlegung ausgesprochen erfolgreich[8].

Die Wirkung dieser beiden Fälle gründet offensichtlich darin, daß den Klientinnen eine andere Sichtweise der angst- bzw. wutauslösenden Situationen vermittelt wurde — eines der deutlichsten Merkmale des Humors.

Etwas Unerfreuliches:
Die Rational-Emotive Therapie und der Humor

Albert Ellis, der als Begründer der Rational-Emotiven Therapie (RET) zu den sogenannten kognitiven Therapeuten gezählt wird[9], veröffentlichte vor einigen Jahren einen Artikel mit dem Titel „Spaß als Psychotherapie"[10]. Er plädiert dafür, den Humor in die Psychotherapie einzubeziehen — oder zumindest das, was er unter Humor versteht. Auch seine Schüler vertreten die Ansicht, daß RET-Therapeuten einen gesunden Sinn für Humor entwickeln sollten. So weit, so gut; doch was verstehen diese Therapeuten unter Humor? Der Klient sollte nicht Zielscheibe von Witzen sein, schreiben sie, aber die Probleme könnten in eine realistischere Perspektive gerückt werden, wenn sich der Therapeut „in freundlicher Art über die inadäquaten Überzeugungen des Patienten oder über Ereignisse lustig macht, die dieser als Katastrophen ansieht"[11]. Auch hier so weit, so gut; nur, wie machen das die RET-Therapeuten? — Hierzu einige Beispiele:

— „Th.: Sie scheinen einen gesunden Fall von Perfektionismus zu haben. Er tut Ihnen zwar nicht gut, aber es ist schön zu wissen, wie gut er sich entwickelt hat!"
— (Als Beispiel für eine „humorvolle Übertreibung" — wobei die Autoren Übertreibung und Humor gleichsetzen!:)
   „Kl.: Es ist wirklich furchtbar, daß ich die schriftliche Arbeit verhauen habe!
   Th.: Sie haben völlig recht. Es ist nicht nur furchbar, ich weiß nicht einmal, wie Sie das überleben werden! Das ist die schlimmste Nachricht, die ich je gehört habe! das ist ja so fürchterlich, daß ich es nicht aushalte, weiter darüber zu sprechen. Lassen Sie uns schnell über etwas anderes reden!"[12]

Ellis bringt einige weitere Beispiele dafür, wie er seinen Klienten mit „Humor" ihre inadäquaten Überzeugungen austreibt. Ich zitiere diese Beispiele seiner „rationalen" Argumentationsweise in englisch, da sie ihrer Wortspiele wegen schwer zu übersetzen sind.

— „... I now often refer to people as FFH's — fallible fucked-up humans";
— „... and with this kind of musturbation, a form of behavior infinitely more pernicious than masturbation ...";
— „... R.P. (for rotten person)";
— „What you call anger and depression indeed often have a common cause — whining ..."[13].

Bei aller Vorsicht, zu der ich selbst im Zusammenhang mit niedergeschriebenen Beispielen zum therapeutischen Humor in meiner Einleitung gemahnt habe: Mir scheint das Vorgehen der rational-emotiven Therapeuten grobschlächtig und verletzend zu sein. Zwar sprechen Ellis und seine Schüler davon, daß Humor in verständiger und kluger Weise angewandt werden sollte. Ihre Beispiele sprechen aber nicht dafür, daß sie dies auch in die Tat umsetzen. Von den Problemen und der notwendigen Vorsicht bei der Anwendung von Humor in der Psychotherapie nimmt Ellis keine Kenntnis. Wer bereits anzweifelte, daß Appelle der Art: „Nun seien Sie doch vernünftig!"[14] und einige zusätzliche Hausaufgaben die Kognitionen eines Klienten verändern könnten; wessen Skepsis durch den „30minütigen Monolog, den Ellis in der Gegenwart Glorias lieferte"*[15], bestärkt wurde; der läuft nun Gefahr, sich nach der Lektüre der Texte aus der RET über den Humor endgültig von der Ellisschen Therapie abzuwenden.

Mir bleibt abschließend nur festzustellen, daß meine Phantasie bei der Lektüre der Beispiele zu einigen sehr unwissenschaftlichen Assoziationen angeregt wurde: Ellis, die Dampfwalze — Ellis, der Elefant im Porzellanladen — Ellis the menace[16].

Etwas Erfreuliches aus der deutschen Verhaltenstherapie

Von Lothar Wittmann, verhaltenstherapeutischer Vertreter einer Annäherung von Psychoanalyse und Verhaltenstherapie, erschien während meiner Arbeit an diesem Buch ein Beitrag zum „Lachen in der Psychotherapie" in dem bemerkenswerten Buch „Genuß und Geniessen"[17]. Hier finde ich die notwendige Umsicht in der Behandlung des Themas, die ich bei Ellis und seinen Schülern vermisse. Wittmann betont die Gratwanderung beim Lachen in der Therapie, da das Auslachen nicht sehr weit ist und so die „Verletzungsgrenze des Gegenübers leicht überschritten werden kann"[18]. Er weist auch darauf hin, daß — im Sinne der Echtheitsproblematik — das Lächeln des Thera-

---

*   Gemeint ist sein Interview mit der Klientin Gloria im Film „Three Approaches to Psychotherapy", in dem auch Rogers und Perls Gloria interviewten.

peuten dann fragwürdig wird, wenn es als Maske seine wahren Emotionen verdeckt. Gerade Borderliner und Schizophrene, aber auch andere Klienten sind besonders sensibilisiert für nonverbale Ausdrucksformen und erkennen daher unechtes Lachen oder Lächeln. In diesem Zusammenhang betont auch Wittmann (wie die Psychoanalytiker und Individualpsychologen) die Gefahr, Lächeln oder Lachen als aggressive Waffen einzusetzen.

Das Thema wird auch in bezug auf bestimmte Klientenkreise erörtert. Bei phobischen Klienten z.B. tritt nach Wittmanns Erfahrung Lachen oft dann auf, wenn die „Irrationalität" der Phobie besonders deutlich wird. In einem Beispiel hierzu zeigt er nicht nur die Möglichkeiten des Lachens — und in diesem Fall auch des Humors — in der therapeutischen Interaktion auf, sondern auch die erwähnte ‚Gratwanderung' bei derartigen Interventionen:

„Eine Patientin mit einer Kleintier-Phobie, die sogar auf der Toilette noch Begleitung durch ihren Mann brauchte, da sie gerade dort von den widerwärtigen Insekten hätte überfallen werden können, schilderte mir ihr Problem mit gedrückter Miene. Ich allerdings empfand die Situation eher grotesk und spontan so komisch — vor allem in der Diskrepanz zwischen der geschilderten Szene auf der Toilette und der gedrückt-leidenden Stimmung, die die Patientin in ihrer gesamten Erscheinung und in ihrer Sprache vermittelte, daß ich es gar nicht verhindern konnte zu lächeln und ein bißchen zu glucksen. Die Patientin blitzte mich an, was ich als sehr zornig erlebte; sie wirkte spontan beleidigt. Sie raffte sich immerhin noch dazu auf, sich nach dem Grund meines Lachens zu erkundigen. Als ich ihr — dann doch etwas verlegen — erklärte, daß mich die Situation mit ihrem Mann an Eltern-Kind-Szenen erinnere, also an die Erledigung des Töpfchengeschäftes unter elterlicher Aufsicht, da stockte sie erst, lachte aber dann selber laut auf. Es war hier ein wichtiger Aspekt ihrer Störung, den man analytisch als den (regressiv-infantilen) ‚Krankheitsgewinn' ihrer Phobie beschreiben kann, in einer Dialogszene deutlich geworden. Dabei muß ich hinzufügen, daß ich hier mit einem blauen Auge davonkam, da die Verletzungsgrenze für die Patientin wohl schon überschritten war. Dies war aber durch die Gesamtatmosphäre der Therapiesituation, die von starker Sympathie geprägt war, abgefangen worden."[19]

Von depressiven Klienten schreibt Wittmann, daß er ihr Lachen besonders dann hervorrufen kann, wenn er ihr Jammern besonders verschärft und übertreibt. Er betont (im Gegensatz zu Ellis, der sich hierzu nicht äußert!) die besondere Nähe der Verletzungsgrenze in diesen Fällen, schreibt aber, daß er sich zu eigen gemacht hat, „nicht mehr zu vorsichtig zu sein; man kann ja leicht in die Situation kommen, sich spiegelbildlich als Therapeut selbst depressiv zu verhalten"[20]. Im Umgang mit dem Klienten ist es wichtig, sich nicht seinem meist starren Interaktionsschema unterzuordnen, und hier bietet der Humor gute Möglichkeiten. Wittmann beschreibt einen Fall, bei dem er dieser ,Ansteckungsgefahr' mit Hilfe einer Übertreibung entgegentrat und beide dabei einen bedeutenden Schritt in der Therapie weiterkamen:

„Mit einem depressiven Patienten hatte ich versucht, zu einer Aktivierung zu kommen, indem ich mit ihm zahlreiche Aktivitäten zwischen den Sitzungen vereinbart hatte, die für ihn noch eine gewisse Verstärkungswirkung hatten. Der Patient stellte sich mir als ein extremer Vertreter von Apathie, Erfolglosigkeit, negativen Self-Statements, assertiven Defiziten und indirekten Aggressionsstrategien dar. Einige Zeit erfolglosen Therapierens und vor allem eine lange Reihe nicht gemachter ,Hausaufgaben' hatten mich immer stärker provoziert, mir selbst einmal emotional Luft zu verschaffen. Als in einer Sitzung sein Jammern überhaupt nicht mehr abreißen wollte und alle kontrastierenden Sichtweisen, die ich immer wieder versuchte einzuführen, an einer Mauer von Elendsschilderungen abprallten, intervenierte ich folgendermaßen: ,Das müßte man allen anderen Menschen endlich einmal richtig klar machen, wie schlecht es Ihnen geht.' Der Patient stutzte erst, schien mich mißtrauisch anzugucken und etwas verlegen zu grienen. Er fragte zurück: ,Wie? Soll ich mich auf dem Marktplatz ausstellen?' Ich antwortete direkt und immer noch etwas gereizt: ,Wenn das bißchen Publikum für Sie reicht!' Erst zögernd, dann glucksend begann der Patient zu lachen, was sich allmählich steigerte und auch mich ansteckte. In dieser kurzen Sequenz war ein Zugang gebahnt worden, darüber zu sprechen, wie der Patient mit seinem Leiden — als Golgatha seiner selbst — andere zu quälen vermag. Und so konnten wir auch darüber sprechen, wie er mich in der Therapie quälte und unbewußt letztlich auch alles daran setzte, mich als Therapeut scheitern zu lassen — und dies war auch als Rache für all das zu verstehen, was ihm von Bezugspersonen und Vortherapeuten ,angetan' worden war"[21].

An diesem Beispiel wird besonders deutlich, daß die Intervention des Therapeuten spontan ist — wiederum im Gegensatz zu den Ellis'schen Beispielen, in denen er Rezepte für den Gebrauch bestimmter Ausdrucksweisen oder Techniken gibt, ohne zu betonen, daß ihre Anwendung stark von der jeweiligen Situation abhängt. Der Beschreibung Wittmanns ist auch zu entnehmen, daß er sich — wenn auch etwas aggressiv — gegen die vom Klienten verbreitete Stimmung auflehnte — ganz im Sinne Freuds wird hier gezeigt, daß auch der therapeutische Humor einen sich-auflehnenden, trotzenden ,touch' haben kann, mit dem sich der Therapeut gegen ein ,Herunterziehen' durch den Klienten behauptet und dabei sogar die ,andere Sichtweise' vermittelt. (Diese Vermittlung der ,anderen Sichtweise' wird von Wittmann als ,kognitive Umstrukturierung' der Art, wie der Klient Probleme und Situationen sieht oder beschreibt, bezeichnet.)

Auch die Modellwirkung des Therapeuten, der dem Klienten in der therapeutischen Interaktion das humorvolle ,coping' mit bestimmten Problemen praktisch demonstrieren kann, wird von Wittmann gewürdigt. Nicht zuletzt betont er, daß Humor ein *„erfolgreiches Mittel* einer *handelnden Problembewältigung* sein muß" und nicht etwa lediglich als *„affirmatives Mittel* der ,Problembewältigung'" dienen sollte, „in der alles — entgegen der eigenen Zielrichtung — so bleibt wie es ist und jetzt nur durch eine andere Brille gesehen wird"[22]. Ziel der Therapie ist es eben nicht, daß ein Bettnässer nach der Behandlung lediglich sagt: ,Ich mache zwar immer noch ins Bett, aber jetzt stehe ich dazu ...'

Der Artikel Wittmanns schließt mit der Überlegung, daß „humorloses Therapieren etwas Unwirkliches und Lebensfremdes ist . (...) Neuerung und Experimentierlust haben mit einem Klima geistiger Beweglichkeit zu tun und sind ohne Phantasie und Humor nicht denkbar"[23].

Mit diesem Beitrag werden nicht nur Verhaltenstherapeuten ermuntert, Humor in der Psychotherapie zu wagen. Es wird auch deutlich, daß in der Verhaltenstherapie ähnliche Ansichten vertreten werden, wie auch in anderen therapeutischen Richtungen — woran zu erkennen ist, daß der Humor schulenübergreifend *per se* ist. Alles in allem stellt Wittmanns Artikel einen erfreulichen Lichtblick auf dem kargen Feld deutscher Veröffentlichungen zu diesem Themenkreis dar.

Kapitel 10
Humanistische Therapie und Humor*

Wir finden in den ,Klassikern' der Humanistischen Psychologie keine explizite Theorie des Humors. Lediglich einige allgemeine Aussagen weisen auf ihn als eine wesentliche Eigenschaft des voll entwickelten Individuums hin. Viktor Frankl z.B. mißt die Fähigkeit eines Individuums zur Selbst-Distanzierung − das ist die Freiheit, eine Einstellung zu seinen Gefühlen zu wählen − an dessen Humor, erläutert diesen Gedanken aber nicht weiter.[1]

Ohne Zweifel ist jedoch der Humor fester Bestandteil einiger Therapierichtungen des ,dritten Weges', so daß sich auch ihre Vertreter mit ihm befaßt haben. Ich werde zunächst eine Verbindung zwischen den theoretischen Ansätzen der Humanistischen Psychologie und dem Humor herstellen. Der Bedeutung entsprechend, die Rogers (und andere) der Einstellung des Therapeuten beimißt, untersuche ich danach diese Haltung in bezug auf den Humor. Anschließend stelle ich einige humorvolle Kunstgriffe humanistischer Therapieformen dar.

---

* Es sei hier gleich bemerkt, daß ich in dieses Kapitel auch Überlegungen und Beispiele aus einer Richtung aufgenommen habe, die ich nicht einmal genau zu benennen vermag: Es handelt sich um die Kommunikations-, Interaktions- oder systemische Therapie, die z.B. von Watzlawick, M. Erickson, Selvini-Palazzoli und vielen anderen vertreten wird. Diese mögen mir die unverzeihliche Einordnung in die Humanistische Psychologie nachsehen − und die Humanistischen Psychologen auch!
Genau genommen weiß ich auch nicht, ob V. Frankl damit einverstanden ist, der Humanistischen Schule zugerechnet zu werden: Durch seine Persönlichkeitstheorie, die im Menschen eine Suche nach Sinn postuliert, wird er zwar zu den geistigen Vätern der Humanistischen Richtung gerechnet − seine Paradoxe Intention hat aber eher Einzug in die erwähnte Kommunikationstherapie gehalten ...

Die Entfaltung des Humors im Individuum

Veränderung des Blickwinkels

Burbridge[2] legte als Vertreter der Humanistischen Psychologie die weitestgehenden Überlegungen zum Humor dar. Er meint, daß vorsichtig überlegte Planung auf der Grundlage bestimmter theoretischer Voraussetzungen *nicht* zu den Einsichten führt, die der Humor vermittelt. Die Stärke des Humors liegt vielmehr darin, daß er den Teilnehmer überrascht und dazu zwingt, mit seinem ganzen Sein im ,Hier-und-Jetzt' zu reagieren: Seine Erkenntnisse werden vom Humor im aktuellen Erleben enthüllt. Die Wirkung ist durchschlagend im Sinne von Aha-Erlebnissen. Dies ist nach Burbridge eine alltägliche Erfahrung auch in der psychoanalytischen Praxis. Selbst ein eingefleischter Psychoanalytiker weiß, daß sich seine Patienten oft nicht nach beabsichtigter, mühevoller Arbeit verändern, sondern durch einen plötzlichen Wechsel in ihren Wahrnehmungen und Affekten, der fast entgegen ihren Anstrengungen geschieht. Sie stellen dann fest, daß sie sich selbst und andere aus einem völlig neuen Blickwinkel betrachten.

Wir sehen, daß uns der veränderte Blickwinkel (die andere Sichtweise, der erweiterte Bezugsrahmen) in allen Theorien begegnet. Was aber versteht die Humanistische Psychologie hierunter? — Im Sinne Rogers' ließe sich von einer Erweiterung jenes Bereiches der Selbst-Struktur sprechen, der mit den Körper- und Sinneserfahrungen übereinstimmt[3]. Nach Frankl handelt es sich um ein Aufleben der bereits erwähnten Selbst-Distanzierung. Burbridge sieht wiederum in der plötzlichen Erweiterung des Bezugsrahmens eine ,Ent-Identifizierung' (Disidentification) vom früheren Selbst. Er versteht hierunter im wesentlichen die Erkenntnis des Individuums, daß seine Maske oder Persona nur ein Teil seines Selbst ist, nämlich dessen Ausdruck gegenüber der sozialen Umwelt und *nicht sein gesamtes Selbst.*

Diese Auffassungen einer Erweiterung des Bezugsrahmens betreffen die Einstellung zur eigenen Person. Aus einem anderen Blickwinkel betrachtet bedeutet die Erweiterung des Bezugsrahmens durch Humor, daß *sich der Mensch in eine gänzlich andere Stellung zur Umwelt setzt.* Humor gibt dem Menschen die Möglichkeit, die ihn umgebende Wirklichkeit flexibler zu sehen; es wird ihm bewußt, daß Glaubens- und Wertsysteme nicht starr sind. Er kann

Wertzuweisungen relativieren oder ablehnen, denn „nicht die Dinge selbst beunruhigen uns, sondern die Meinungen, die wir über die Dinge haben"[4] bzw. die Gefühle, die wir mit ihnen verbinden.

Der neue Bezugsrahmen betrifft also das Erkennen der eigenen Möglichkeiten in bezug auf sich selbst wie auf die Beziehungen zur Umwelt. Für eine solche Überwindung der alten Sichtweise ist der Humor ein wichtiges, wenn nicht unabkömmliches Instrument. Tatsächlich gehen solche Veränderungen oft mit Humor einher, und therapeutischer Humor sollte auf die Entstehung neuer Sichtweisen im Klienten zielen. *Allerdings kann der Therapeut höchstens eine fördernde Wirkung haben: Sein Humor bewirkt keine Veränderung, sondern tritt wie ein Katalysator in Erscheinung,* der die Entfaltung von Humor im Klienten ermöglicht. Hier findet sich die Verbindung zur Überlegung der Gestaltpsychologie, wonach die Bereitschaft zur Wahrnehmung des neuen Blickwinkels im Zuhörer vorhanden sein muß, um die Pointe eines Witzes zu erfassen[5]: In der Humanistischen Psychologie wird davon ausgegangen, daß in jedem Menschen latent die Fähigkeit zum Humor vorhanden ist und sich dieser zwar mit Hilfe von außen entfalten kann, es aber letztlich das Individuum selbst ist, das die Leistung vollbringt. Der Therapeut kann den Humor im Klienten nicht erzwingen; er kann ihn aber hervorlocken. Ein Therapeut, der über Humor verfügt, wird auch nicht versuchen, dem Klienten seine Sichtweisen aufzudrängen, sondern ihm den Freiraum geben, seinen eigenen Humor auszubilden. Nur so ist gewährleistet, daß im Klienten Selbstwertgefühl und Entscheidungsfreiheit wachsen.

Beziehung des Humors zu Vernunft und Gefühl

Von der Veränderung des Blickwinkels, die der Humor zum Vorschein bringt, läßt sich nicht sagen, daß diese *nur* im emotionalen oder *nur* im rationalen Bereich angesiedelt ist. Der Ursprung des Humors liegt laut Burbridge vielmehr in einer tieferen Bewußtseinsschicht, tiefer auch als die der Neurosen, und sein Wesen ist übergreifend sowohl in bezug auf die Vernunft als auch auf die Gefühle. Hierin liegt auch seine besondere Wirkungskraft. So gut es nämlich ist, ‚in Berührung mit den eigenen Gefühlen zu kommen' — letztlich ändert sich ein Mensch nicht dadurch, daß er in seinen Gefühlen steckt, sondern indem er aus ihnen aussteigt. Und auch Vernunft allein kann keine Veränderung bewirken, wie Jaeggi bemerkt[6]. Auch Klein schreibt, daß der Humor über unsere normale Vernunft hinausgeht, die einer bestimmten, nicht zu verletzenden Ordnung unterliegt[7]. Humor hat hiernach die Funktion, die Wirklichkeit durch die Fantasie zu erweitern, um sie nicht mehr nur so zu sehen, wie sie ist, sondern sich auch vorzustellen, wie sie sein könnte. *So weist der Humor über die Gefühle und die Vernunft hinaus auf die Wachstumsmöglichkeiten des Menschen.*

Beziehung des Humors zur Freiheit

Der Gedanke, daß der Therapeut dem Klienten seine Sichtweisen nicht aufdrängen wird, wenn er über Humor verfügt, wurde weiter oben schon gestreift. Allgemeiner gesagt ist Humor eng verbunden mit einer Befreiung von Zwängen. Es paßt nicht zum Wesen des Humors, jemandem eine Überzeugung aufzuzwingen; er dient lediglich der Befreiung von ‚Wahrheiten', an die ein Mensch glaubt und durch die er im eigenen Spielraum eingeengt wird. So schreibt Burbridge, daß der Humor „... ein kurzfristiges Verschwinden einer Überzeugung ... erreicht, ohne darauf hinzuweisen, woran nun geglaubt werden sollte. Er eröffnet die Möglichkeit einer neuen Realität, zwingt aber niemanden, diese auch zur Kenntnis zu nehmen"[8]. „Wirklicher Humor ist ... immer befreiend"[9].

Der Humor bewirkt also eine Entfaltung des freien Willens. Ist ein Mensch in der Lage, eine große Palette von Möglichkeiten zu sehen und hiernach eine Entscheidung zu treffen, so hat er sich von einer unterdrückenden Welt des ‚Du sollst' zu einer freieren Welt des ‚Du kannst', ‚Du willst', ‚Du verstehst' usw. hinbewegt.

Beziehung des Humors zum Leid

In unseren Breitengraden herrscht die — von der christlichen Religion geprägte — Überzeugung, daß Leiden einen größeren Wirklichkeitscharakter besitzt als Freude. Klein weist darauf hin, daß in unserem Gedächnnis Leidenserlebnisse besser haften bleiben als solche der Freude[10]. Erfährt man nicht die durch Haß, Schuldgefühle, Neid, Ärger, sexuelle Lust oder andere tragische Emotionen erzeugten Qualen, so lebt man nicht ‚wirklich'. Zwar gibt es genügend Gründe für solche Gefühle, hält ein Mensch jedoch längere Zeit an ihnen fest, so kollidiert er mit dem Fluß des Lebens. Der Mensch bindet sich durch seine leidenden Emotionen an die Vergangenheit. Das Gefühl für Zukunft, Möglichkeiten, Freiheit verkümmert. Es ist der Humor, der den Menschen befreit, „... so daß er wieder zu einem Teilnehmer am sich stets verändernden Lebensprozeß wird ... und über sein verkleinertes Selbst lächeln kann, welches im Leiden verfangen war"[11].

Im Sinne der Persönlichkeitstheorie Rogers' hätte der Humor somit eine selbstaktualisierende Wirkung, und Klein bemerkt deshalb, daß Therapie dazu dienen sollte, Klienten, die zu sehr im Bewußtsein von vergangenem und gegenwärtigem Leiden leben, *einen Sinn für ihre Freuden zu vermitteln*[12].

Sowohl der Klient als auch der Therapeut neigen dazu, Freude in der Therapie geringzuschätzen. So sind Patienten bereits vor dem Erstinterview so ‚konditioniert', daß sie sich entschuldigen, wenn sie eine komische Geschichte erzählen. Meist erfährt der Therapeut nur nebenbei, daß etwas Erfreuliches im Leben des Klienten eingetreten ist. Umgekehrt glauben viele Psychotherapeuten, es wäre Zeitverlust, wenn sie zu lange bei einer scherzhaften ‚Einlage' im Gespräch mit dem Klienten verbleiben; sie meinen, so schnell wie möglich zu ernsthafteren Themen zurückkehren zu müssen, um dem Klienten bei der Lösung seiner Probleme zu helfen. Burbridge sieht zwar die Gefahr einer Vermeidungshaltung in solchen leichtherzigen Momenten, meint aber, daß dieses gemeinsame Scherzen und Lachen auch „eine Reise in die Wiederbelebung positiver Affekte und der Intentionalität darstellen kann, die der Klient nicht ohne die Unterstützung des Therapeuten antreten kann"[13]. *So kann der Therapeut die Lösung der Probleme seines Klienten hemmen, wenn auch er dem Leid einen höheren Wert beimißt als der Freude.*

Die Haltung des Therapeuten

Ich möchte im folgenden Rogers' Überlegungen zu den für eine gelingende Therapie notwendigen Therapeutenvariablen unter dem Aspekt des Humors näher betrachten. Anschließend gehe ich auf die Bedeutung einer humorvollen Haltung des Therapeuten zu sich selbst ein.

C.R. Rogers

Empathie

In Deutschland erfolgte über längere Zeit eine Gleichsetzung der Therapeutenvariable ,Empathie' mit der sogenannten ,Verbalisierung emotionaler Erlebnisinhalte'. Diese Vereinfachung würde tatsächlich keinen Humor in der klientenzentrierten Therapie zulassen, da eine ständige Konzentration auf die Gefühle des Klienten es nicht erlauben würde, sich zu distanzieren und auch komische Seiten zu beleuchten*. Humor ist aber mit Empathie vereinbar. Empathischer Humor verlangt allerdings vom Therapeuten viel Feingefühl für die verwundbaren Stellen des Klienten und also Gespür dafür, wie der Humor aufgenommen werden wird. Der Ausdruck seines Humors verlangt vom Therapeuten, daß er aufmerksam und aufnahmebereit für die Gefühlsregungen seines Klienten ist. Er muß seine Sinne für diejenige Bewußtseinsebene des Klienten schärfen, die er durch seinen Humor erreichen kann und möchte. Hierfür lassen sich keine Regeln aufstellen. Zwar stellt sich Burbridge die Frage, wann ein Therapeut einen Witz erzählen soll, der ihm schon lange durch den Kopf geht; seine Antwort darauf lautet aber: ,,Dann, wenn der Klient so

---

* Siehe hierzu den Abschnitt ,,Lachen und Mitgefühl'' im nächsten Kapitel.

weit ist ..."[14]. Das führt uns lediglich zu einer neuen Frage: Wann ist der Klient so weit?, die von Burbridge nicht beantwortet wird.

Mit Sicherheit läßt sich nur sagen, wann der Humor den Klienten nicht erreichen wird. Das ist z.B. der Fall, wenn der Klient Kritik vom Therapeuten befürchtet. Er wird dann nur Belehrungen hinter dem Humor suchen. Klein bemerkt auch, daß z.B. Witze über die Eltern des Klienten meist nicht ,ankommen', weil dieser sich selten emotional von ihnen distanzieren kann[15].

Empathischer Humor sollte jedoch nicht dazu führen, daß sich der Therapeut von der Befürchtung, den Klienten zu verletzen, lähmen läßt. Sieht er nur die Verletzbarkeit des Klienten, so könnte dieser mit dem Gefühl reagieren, daß für ihn keine Veränderung möglich sei. In gewissem Sinne sieht ihn der Therapeut dann als nicht belastbar an, und dieser Eindruck kann sich auf den Klienten übertragen. Nach Burbridge liegt es oft nicht an der Unempfindlichkeit des Therapeuten, wenn Mißerfolge in der Therapie verzeichnet werden, sondern daran, daß er kein Vertrauen in die Belastbarkeit und Entwicklungsfähigkeit seines Klienten hat. Auch für den therapeutischen Humor gilt, daß der Blick des Therapeuten auf die Wachstumsmöglichkeiten des Klienten gerichtet sein sollte und nicht auf seine Fehler.

Zur Empathie gehört auch, daß der Therapeut in das Lachen des Klienten einstimmen kann. Allerdings sollte er darauf achten, daß weder er noch der Klient durch ihr Lachen wirkliche Werte abweisen. Auch sollte das gemeinsame Lachen keine Differenzen, die zwischen Therapeut und Klient bestehen, verdecken.

Oft ist ein Hinweis auf den ernsten Hintergrund des Humors wichtig; auch hier zeigt sich die Empathie des Therapeuten: Der Klient fühlt sich zunächst von etwas, was er ansprechen möchte, bedroht, kann sich aber durch Humor (ganz im Sinne der Freudschen Theorie vom ersparten Hemmungsaufwand) von diesem Gefühl befreien; nunmehr kann er sich dem Thema ernsthaft widmen. Ein empathischer Therapeut wird hierzu den Anstoß geben. Burbridge bemerkt in diesem Zusammenhang, daß sich Ernsthaftes und Komisches nicht gegenseitig ausschließen müssen, sondern durchaus ergänzen können.

Für die Psychotherapie ist es wichtig, daß der Humor explizit, d.h. offen ist: Beiden Seiten soll klar sein, worüber gelacht wird. Expliziter Humor ist ehrlicher als verdeckter. Der Therapeut sollte sich nicht nur der Spontaneität seines Humors sicher sein, sondern auch dessen, daß sein Humor die eigenen Gedanken, Gefühle und Werte widerspiegelt.

Das Problem der Unechtheit zeigt sich im Fehlverhalten vieler Therapeuten, die versuchen, die Schwierigkeiten des Klienten zu verniedlichen und ihn aufzuheitern. Hier handelt es sich nicht um Humor, sondern um eine verdeckte Form der Abwehr des Therapeuten gegenüber den Gefühlen des Klienten. Der Klient wird hierdurch nicht in die Möglichkeit versetzt, seinen Bezugsrahmen zu erweitern. Er wird vielmehr heraushören, daß er sich über das Wesen seines Problems täuscht, seine Affekte unangemessen sind und er die kostbare Zeit der Sitzung nicht verschwenden sollte, sondern zu etwas Wichtigerem übergehen. Das Vertrauen zwischen Therapeut und Klient wird durch einen solchen unechten Humor empfindlich gestört, was wiederum die Möglichkeit zu echtem Humor erheblich verringert.

Unbedingte Wertschätzung

Hat der Therapeut die Eigenschaft, sich dem Klienten mit unbedingter Wertschätzung und emotionaler Wärme zuzuwenden, so wird sich dies in seinem Humor reflektieren: Auslachen ist mit der Wertschätzung des anderen nicht vereinbar. Emotionale Wärme ist aber umgekehrt auch Voraussetzung dafür, daß der Klient den therapeutischen Humor als Zuwendung empfindet. Dies ist ein Hinweis darauf, daß eine solche Atmosphäre der Fürsorge vorhanden sein sollte, bevor der Therapeut seinen Humor einbringt. Ihm muß bewußt sein, daß der Klient nur dann über sich und seine Probleme lachen kann, wenn er sich ohne Einschränkung akzeptiert fühlt. Die Praxis des Therapeuten ist unter Umständen der einzige Ort, wo der Klient keine Bedrohung spürt und sich somit frei fühlt, zu lachen. Es ist eine wichtige Aufgabe des Therapeuten, eine solche Atmosphäre entstehen zu lassen.

Mindess sieht in der *Fähigkeit des Therapeuten, über sich selbst zu lachen,* eine conditio sine qua non für den therapeutischen Humor, aber auch für den therapeutischen Prozeß überhaupt: „So wie Liebe durch Liebe erzeugt wird und Haß durch Haß, so ist auch der stärkste Anreiz zu einem selbsterzeugten Sinn für Humor in einem Menschen der Sinn für Humor in seinem Mitmenschen"[16].

Mit dieser Forderung wird ein hoher Anspruch an den Therapeuten gestellt. Dies erscheint jedoch berechtigt, denn sie beinhaltet ja die Fähigkeiten des Therapeuten, flexibel zu sein, sich von sich selbst zu distanzieren, eine andere Sichtweise gegenüber sich selbst einzunehmen. Diese Fähigkeiten sollen sich auch beim Klienten entwickeln, und genau hierzu soll der Humor dienen. Kann der Therapeut sich selbst nicht mit Humor betrachten, so verliert er eine für den Klienten notwendige, den Humor betreffende Leitbildfunktion.

Es ist dennoch angebracht, dieser hohen Anforderung mit folgender Überlegung die Spitze zu nehmen: Der Therapeut kann schon dadurch viel erreichen, daß er sich um eine humorvolle Haltung zu sich selbst *bemüht.* Denn schon diese Bemühung hätte für den Klienten Modellcharakter, er würde sich die Haltung abschauen und versuchen, auch sich gegenüber eine humorvolle Einstellung zu gewinnen.

Ich möchte diese Betrachtung mit einem Beispiel für eine Situation schließen, in der der Therapeut in den Mittelpunkt der Komik gerät. Grotjahn berichtet von einer gruppentherapeutischen Sitzung, in der er die Grenzen seiner Möglichkeiten ausdrückte, zu jedem seiner Klienten einen intensiven Kontakt zu pflegen. Er wollte sagen: „Ich kann nicht jedermanns *Freund* sein", versprach sich aber und sagte stattdessen: „Ich kann nicht jedermanns *Freud* sein." Dieser Lapsus wurde mit großem Gelächter quittiert, denn die Gruppe hatte ihn bei „dem unfreiwilligen Eingeständnis eines leicht größenwahnsinnigen Ehrgeizes ertappt"[17]. Wie bereits in Kapitel 7 dargestellt, ist ein humorvoller Therapeut in einer solchen Situation zum Mitlachen fähig und kann so zu einer freien, entspannten Atmosphäre beitragen, in der es alle wagen, über ihre Schwächen zu sprechen.

Beispiele für humorvolle Kunstgriffe

Frankls Paradoxe Intention

In seinem Buch „Theorie und Therapie der Neurosen" definiert Frankl die paradoxe Intention folgendermaßen: „Der Patient wird angewiesen, genau das, wovor er sich immer so sehr gefürchtet hatte, nunmehr sich zu wünschen (Angstneurose) beziehungsweise sich vorzunehmen (Zwangsneurose)"[18]. Hierbei handelt es sich laut Frankl um eine Umkehrung der Intentionen, die die pathogenen Reaktionsmuster kennzeichnen, nämlich das Vermeiden von Angst durch Flucht vor ihr bzw. das Vermeiden von Zwang durch Kampf gegen ihn.

Betrachten wir hierzu zwei Beispiele; das erste handelt vom Erstinterview mit einer jungen Klientin: „Als wir uns hinsetzten, wurde mir gleich klar, daß sie sehr angespannt war. Sie stotterte. Meine normale Reaktion wäre gewesen, ihr zu sagen: ‚Entspannen Sie, es ist alles in Ordnung', oder: ‚Nehmen Sie es leicht'; aus meiner bisherigen Erfahrung wußte ich aber, daß mein Hinweis, zu entspannen, nur ihre Anspannung verstärken würde. Stattdessen reagierte ich genau mit dem Gegenteil: ‚Linda, ich möchte, daß Sie sich so anspannen, wie Sie nur können. Seien Sie so nervös wie möglich.' ‚O.K.', sagte sie, ‚nervös sein ist für mich ganz einfach'. Sie begann, ihre Fäuste zu ballen und ihre Hände zu schütteln, als würde sie zittern. ‚Das ist schon ganz gut', sagte ich, ‚aber versuchen Sie, noch nervöser zu sein'. Der Humor in dieser Situation wurde ihr klar, und sie sagte: ‚Ich war wirklich nervös, aber jetzt kann ich es nicht mehr. Es ist seltsam, aber je mehr ich versuche, angespannt zu sein, desto weniger bin ich dazu fähig.' Bei der Wiedergabe dieses Falles wird mir deutlich, daß es der Humor in der Anwendung der paradoxen Intention war, der Linda half, zu erkennen, daß sie in erster Linie ein Mensch sei und erst in zweiter Linie Klientin; und auch, daß *ich* in erster Linie ein Mensch bin und erst dann Berater. *Der Humor verdeutlichte am besten unser Menschsein*"[19].

Eine andere Patientin war wegen Schlafmittel-Sucht in einer Klinik eingeliefert worden. Abends fragte sie nach Schlaftabletten; der Stationsarzt gibt den Dialog mit ihr wieder:
„Sie: Darf ich um meine Pillen bitten?
Ich: Tut mir leid — die sind heute ausgegangen, und die Schwe-

ster hat vergessen, rechtzeitig neue zu bestellen.

Sie: Wie soll ich jetzt schlafen können?

Ich: Heute wird's eben ohne Schlafmittel gehen müssen. –
2 Stunden später erscheint sie wieder.

Sie: Es geht einfach nicht.

Ich: Und wie wär's, wenn Sie sich wieder hinlegten und zur Ab-
wechslung einmal versuchten, nicht zu schlafen, sondern – im
Gegenteil – die ganze Nacht aufzubleiben?

Sie: Ich hab' immer geglaubt, ich bin verrückt, aber mir scheint,
Sie sind's auch.

Ich: Wissen Sie, manchmal macht's mir Spaß, verrückt zu sein,
oder können Sie das nicht verstehen?

Sie: War das Ihr Ernst?

Ich: Was denn?

Sie: Daß ich versuchen soll, nicht zu schlafen.

Ich: Natürlich war das mein Ernst. Versuchen Sie's doch einmal!
Wir wollen einmal sehen, ob Sie die ganze Nacht wachbleiben
können. Nun?

Sie: O.K. –

Und als die Schwester morgens ihr Zimmer betrat, um ihr das
Frühstück zu bringen, war die Patientin noch immer nicht erwacht."[20].

Die Absicht der paradoxen Intention wird an diesen Beispielen deutlich: Der Klient soll eine genügend große Distanz zwischen seinem
neurotischen Symptom und seinem Selbst einlegen, um die Möglichkeiten zu mobilisieren, die er zu einem wirkungsvollen Umgang mit
seinem Problem hat. Mit anderen Worten: Der Humor in der paradoxen Intention soll dem Klienten seine Fähigkeit zur Selbst-Distanzierung ins Bewußtsein rufen. Frankl schreibt: ,,Tatsächlich
gehört der Humor, mit dem der Patient die paradoxe Intention jeweils formulieren muß, zum Wesen dieser Technik ..."[21], denn
Selbst-Distanzierung ist ohne Humor nicht möglich.

Welche Elemente kennzeichnen die paradoxe Intention? Zunächst finden wir in ihr das Element der *Konfrontationsvermeidung*.
Milton Erickson stellte einmal fest, daß es einfacher sei, eine sture
Kuh in den Stall zu befördern, indem man versucht, sie *heraus- und
nicht hineinzuzerren*. Ähnlich vermeidet der Therapeut – der Vergleich sei hier erlaubt – die Konfrontation mit dem Problem des
Klienten, wenn er die guten Seiten eines Symptoms herausstellt

oder darüber scherzt, anstatt es mit Sätzen wie: ‚Sie haben da ein ernsthaftes Problem, das einer jahrelangen Therapie bedarf', aufzublähen. Frankl erwähnt in diesem Zusammenhang Erickson, der bei einem Vortrag über Hypnose von einem jungen Mann mit den Worten herausgefordert wurde: „Vielleicht können Sie andere Leute hypnotisieren — mich bestimmt nicht." Erickson lud den jungen Mann ein, sich auf die Bühne zu begeben und sich hinzusetzen. Dann sagte er zu ihm: „Sie sind hellwach — Sie bleiben wach — Sie werden immer wacher, wacher und wacher ...". Der junge Mann fiel prompt in tiefe Trance!

Ein weiteres therapeutisches Element der paradoxen Intention besteht in der *Übertreibung des neurotischen Symptoms* (der wir auch schon in den vorangehenden Kapiteln begegnet sind). In der Übertreibung kann Komik stecken, und das Lachen über diese Komik wirkt distanzierend gegenüber dem übertriebenen Symptom, wie wir am Beispiel der angespannten Patientin sahen.

Ein drittes Element — wobei ich feststellen muß, daß die beschriebenen Elemente nicht voneinander trennbar sind — besteht in der *Verschreibung des gefürchteten Ereignisses*. Wird dies in einer humorvollen Art getan, auf die der Patient eingehen kann, so ist das Ergebnis ein Zusammenbruch des Symptoms, wie wir an der schlafgestörten Patientin sehen konnten. Auch hier finden wir Parallelen zur Psychotherapie Milton Ericksons. Zu seinen Kunstgriffen gehört z.B. die Verpflichtung eines Ehepaares, das seit Jahren in ihrem Sexualleben Schwierigkeiten hat, bis zur nächsten Therapiesitzung nicht miteinander zu schlafen.

Frankl betont die tiefgreifende Veränderung, die durch seine paradoxe Intention erreicht wird. Die Klienten bauen nicht nur ein bestimmtes störendes Verhalten ab; bedeutungsvoller ist, daß sie eine vollkommen neue Einstellung zu ihren Lebensumständen und Schwierigkeiten bekommen: die Einstellung des Humors.

Kunstgriffe der Gestalttherapie

Perls bewies durch vielfältige Kunstgriffe seinen Sinn für Humor. Ich wäre überfordert, wollte ich im Rahmen dieses Buches alle in der Gestalttherapie angewandten Mittel auf ihren Humor untersuchen. Ich beschränke mich daher auf die Betrachtung des *Spielerischen* und der *Übertreibung*.

F.S. Perls

Perls erkannte, daß die Atmosphäre der Psychotherapie etwas Bedrohliches für den Klienten darstellte. Daher versuchte er, spielerische Elemente einzubringen, die der Situation Leichtigkeit geben. Burbridge sieht Perls' Sprache als ein solches spielerisches Element. Er lehnte die psychoanalytische oder verhaltenstherapeutische Fachsprache ab und bevorzugte es, komische Ausdrücke zu gebrauchen. Hierzu gehören Ausdrücke wie „hot seat", „top dog", „underdog", die von Perls ihrer ernsthaften englischen Bedeutung beraubt wurden und dadurch komisch klingen[22].

Auch Perls Technik der Dialoge zwischen einzelnen Körperteilen und dem Selbst (‚Sprich mal als dein Arm zu dir') dienen dem Ziel, eine lockere Atmosphäre in der Gestalttherapie zu schaffen. Einschränkend ist festzustellen, daß diese Kunstgriffe allein nicht genügen. Der Gebrauch von Wortschöpfungen oder der Dialog zwischen den Körperteilen können langweilig oder gar bedrohlich wirken, wenn sie von einem steifen, humorlosen Therapeuten eingeführt werden bzw. der Klient noch nicht so weit ist, diese ‚Spiele' mitzumachen.

Perls bediente sich auch des Mittels der Übertreibung, und zwar in einer Variante, die sich von den bisher beschriebenen unterscheidet. Burbridge beschreibt den Fall einer Frau, die in der Gestalt-Therapie über ihre schlechte Laune gegenüber ihrer Familie klagt. Ihr wird gesagt, sie solle sich ein Gruppenmitglied suchen und so gemein zu ihm sein, wie sie nur kann. Therapeut und Teilnehmer feuern sie hierzu regelrecht an. An einer bestimmten Stelle hört sie auf, lacht und empfindet „die Erlösung, die man spürt, wenn man nicht länger versucht, ein natürliches Bedürfnis, zu kritisieren, zurückzuhalten"[23]. Die Anweisung, im Rollenspiel zu übertreiben, ist nicht dazu gedacht, ihr Verhalten zu verhindern, sondern ihr die Möglichkeit der ‚Ent-Identifizierung' (Burbridge, s.o. S. 92) zu geben, um selber entscheiden zu können, ob sie sich weiterhin so verhalten möchte oder nicht. nicht.

Milton Erickson stellte in diesem Zusammenhang fest, daß es sich bei solchen Fällen um ein Problem der Kontrolle handelt: Der Klient fühlt sich von seinem Verhalten kontrolliert, er kann es nicht abstellen. Nachdem er beschlossen hat, es fortzusetzen (oder gar zu übertreiben), schlägt das Gefühl um: Der Klient erlebt sein Handeln als etwas, was *er* macht und nicht als etwas, was *mit ihm* macht. Und hat er erst einmal das Gefühl, sein Verhalten in die eine Richtung zu kontrollieren — indem er entsprechend der therapeutischen Anweisung das bisher Verbotene tut —, so weiß er auch, daß er es in die andere Richtung auch kontrollieren kann. Ein neuer Bezugsrahmen ist entstanden, der Klient fühlt sich befreit und kann lachen.

IV. Die Sozialpsychologie und der Humor

Kapitel 11
Merkmale des Humors in der Interaktion

Hinter den bisher besprochenen Theorien des Humors und den daraus folgenden Überlegungen für die Psychotherapie stand jeweils ein bestimmtes theoretisches Gedankengebäude. Dieses finden wir in der Sozialpsychologie nicht: Ihre Erörterungen des Humors beziehen sich entweder auf ganz bestimmte Teilbereiche (Beispiel: Der Humor unter Patientinnen eines allgemeinen Krankenhauses[1]) oder sie reihen verschiedene theoretische Überlegungen aneinander[2]; ein zusammenhängender theoretischer Überbau fehlt. Die sozialpsychologischen Überlegungen zum Humor haben jedoch praktischen Wert und sind daher für eine Betrachtung des Humors in der Psychotherapie von besonderer Bedeutung.

In diesem Kapitel zeige ich die sozialen Eigenschaften des Humors in der Interaktion auf. Zum besseren Verständnis stelle ich — wegen der erwähnten Aneinanderreihung verschiedener Betrachtungen — den Bezug zum Humor in der Psychotherapie in jedem Unterabschnitt her und nicht erst im zweiten Teil des Kapitels. Im nächsten Kapitel richte ich mein Augenmerk stärker auf die Gruppentherapie, in der sich der Therapeut oft vor andere Aufgaben gestellt sieht als in der Einzeltherapie.

„ . . . der Therapeut in der Gruppentherapie oft vor anderen Aufgaben
gestellt . . . "

Kollektiver Charakter des Humors und des Lachens

Wenn auch Freud meint, daß der „Humor die genügsamste unter den Arten des Komischen ist", da „sein Vorgang ... sich bereits in einer einzigen Person" vollendet[3], so heißt das nicht, daß dem Humor keine wesentliche soziale Bedeutung zukommt. Die Unbesiegbarkeit des Ichs läßt sich durchaus mit anderen Menschen teilen, sie kann einen „kollektiven Charakter" tragen[4], zumal wenn sie sich im Gruppenhumor ausdrückt. Nach Lauer bezieht der Humor seine Energie, sein „heiter-gemütliches Element" überhaupt aus dem „Kontakttrieb", der dem Menschen eigen ist[5]. Lachen und Lächeln — Ausdrucksformen des Humors — werden als etwas angesehen, das mit anderen geteilt werden muß. Es sind *soziale Akte* und als solche wesentliche Bestandteile interaktiver Prozesse, des Gebens und Nehmens im sozialen Leben.

Humor wird überdies als *sozial wertvoll* angesehen: „Humor ist subjektiv wichtig für den Menschen, auch wenn man meint, er wäre trivial; die Menschen suchen den Humor, sie werden danach beurteilt, ob sie über Humor verfügen oder nicht"[6]. Er wird sogar als wesentlicher Indikator für seelische Gesundung angesehen: „Therapeuten und Patienten ... bemerken oft einen Zusammenhang zwischen der Entwicklung eines Sinns für Humor und der Zustandsbesserung" des Klienten[7].

Hervorzuheben ist auch die ‚Strohfeuerwirkung' des Humors und des Lachens; innerhalb kurzer Zeit übertragen sie sich auf die Mitmenschen und breiten sich aus: „Aus irgendeinem unerklärlichen Grund ist Lachen ‚ansteckend', selbst neutrale Personen erliegen der Versuchung, sich dem Lacher anzuschließen"[8]. In einer Gruppe kann Humor bewirken, daß über eine Bemerkung nach der anderen gelacht wird. Ist eine solche lustige Stimmung erst entstanden, so rufen Witze, komische Situationen und dergleichen viel stärkere Lachreaktionen hervor als ein isolierter Scherz in einem sonst ernsthaften Gespräch. Über Dinge, die einen sonst ‚kalt lassen', wird plötzlich gelacht.

Bedeutung für die Psychotherapie

Der hohe soziale Wert des Humors und seine ‚Strohfeuerwirkung' weisen auf die Modellbedeutung des Therapeuten hin. Allgemein läßt sich sagen, daß zumindest ein Teil des Therapieerfolges auf die Modellwirkung zurückzuführen ist. Diese ist nicht ungedingt bewußt herbeigeführt und der Humor nicht als ‚Technik' einzusetzen. Vielmehr bringt der Therapeut seinen Humor ganz natürlich in die Situation ein, und er sollte nicht versuchen, einen humorvollen Therapeuten zu spielen, der er nicht ist.

Wodurch sich ein humorvoller Therapeut in bezug auf seine Modellwirkung auszeichnet, wurde bereits besprochen; ich gehe daher hierauf nicht weiter ein. Nur noch einige Worte zum humorlosen Therapeuten — auch er wirkt als Modell: Der Klient nimmt an, daß alles, was in der Therapie unpassend ist, auch außerhalb von ihr vermieden werden sollte. Ein Therapeut, der nicht lacht, teilt seinem Klienten implizit mit, daß Lachen keine angemessene Art ist, mit seinen Problemen umzugehen. Es fragt sich, wie sich so Humor entwickeln soll — nach übereinstimmender Meinung aller Theorien ein wesentlicher Bestandteil seelischer Gesundheit.

Formaler und spontaner Humor

Unter *formalem Humor* ist der bereits vorbereitete Humor zu verstehen, der z.B. in Komiker-Auftritten und in der Literatur zu finden ist, der aber auch in alltäglichen Situationen vorkommt (z.B. der Party-Clown, der einen Witz nach dem anderen erzählt). Wenn auch dem formalen Humor soziale Bedeutung zukommt, interessiert uns im Rahmen dieser Arbeit eher der *spontane Humor,* der unter ‚Menschen wie du und ich' in normalen Situationen entsteht. Schon in einer einzelnen komischen Bemerkung kann sich spontaner Humor ausdrücken; seine Wirkung ist weitgehend abhängig von den jeweiligen Umständen, dem Teilnehmerkreis und der Wahl des richtigen Zeitpunkts. Betrachten wir hierzu ein von Mindess angeführtes Beispiel:

„Ein Freund von mir, ein Psychiater, erzählte mir, daß er auf die Ankündigung eines Patienten, er wolle durch einen Sprung vom Klinikdach Selbstmord begehen, mit den Worten reagierte: ‚Oh, das ist aber spannend! Wie planen Sie den Sprung? Als einfachen Kopfsprung? Oder als doppelten Salto? Immerhin wird es eine einmalige Erfahrung werden, also wollen Sie doch bestimmt das Beste daraus machen?'"

Mindess bemerkt hierzu: „... der Stil meines Freundes, seinen Patienten auf den Arm zu nehmen, liegt zu nah am Sarkasmus, um mir persönlich zu gefallen"[9]. Auch ich neige dazu, das Verhalten des Psychiaters als unangemessen und sarkastisch zu bezeichnen. Mindess' Freund erzielte aber die erwünschte Wirkung: Seinem Patienten wurde der extreme Versuch, Aufmerksamkeit auf sich zu lenken, deutlich. Wir müssen also annehmen, daß der Arzt zu dem rechten Mittel im rechten Augenblick gegriffen hat; er muß auch seinen Patienten sehr gut gekannt haben, da er sonst eine positive Reaktion auf seine ironischen Bemerkungen nicht erwarten konnte. Dann wäre dies ein Beispiel für spontanen Humor, der unter den gegebenen, günstigen Umständen zum Ausdruck kam.

Diese Anekdote dient uns auch als Beispiel für die besonderen Probleme einer schriftlichen Wiedergabe von spontanem Humor: Die gesamte Atmosphäre läßt sich kaum vermitteln, und es ist schwer, uns in den Humor der Situation einzufühlen. Wie ich in meiner Einleitung schreibe, gehört die Wiedergabe spontanen Humors zu den Hauptschwierigkeiten dieses Buches.

Bedeutung für die Psychotherapie

Ein Psychotherapeut ist kein Komiker, der sich in seinem ‚setting' des formalen, vorbereiteten Humors bedient. Therapeutischer Humor kann nur spontaner Humor sein: „Die Art Humor, die es verdient, therapeutisch genannt zu werden, ist nicht die, die wir aus unseren Fernsehern aufsaugen. Es geht nicht darum, Witze und routineartige Komik zu genießen, denn, so köstlich sie auch sein mögen, sind sie doch im voraus geplant und oberflächlich; ihre Beziehung zum therapeutischen Humor ist etwa die, die zwischen netten Fotos und Kunst besteht ..."[10]. Diese Gedanken unterstützen meine vorangehenden Überlegungen zur Echtheit therapeutischen Humors: Erzwungener Humor ist nicht echt. Genausowenig wie es möglich ist, der Aufforderung: ‚Sei spontan!' zu folgen, kann sich ein Therapeut vornehmen, humorvoll zu sein. Er kann lediglich seinen Humor *entwickeln*, so daß er in der Therapie seinen Niederschlag findet.

Lachen und Mitgefühl

Ich bin im vorangehenden Kapitel auf die Beziehung zwischen *Empathie und Humor* eingegangen. In diesem soll von der Beziehung zwischen *Empathie und Lachen* die Rede sein. Es lohnt sich, Henri Bergsons Überlegungen dazu näher zu betrachten[11]. Bergson meint, lachen sei „meist mit einer gewissen Empfindungslosigkeit verbunden. Wahrhaft erschüttern kann die Komik offenbar nur unter der Bedingung, daß sie auf einen möglichst unbewegten, glatten seelischen Boden fällt. Gleichgültigkeit ist ihr natürliches Element. Das Lachen hat keinen größeren Feind als die Emotion. Ich will nicht behaupten, daß wir über einen Menschen, für den wir Mitleid oder Zärtlichkeit empfinden, nicht lachen können — dann aber müßten wir diese Zärtlichkeit, dieses Mitleid für eine kurze Weile unterdrücken"[12]. Bergson schreibt weiter, daß eine Einstellung der Anteilnahme, des Mitgefühls und der Sympathie gegenüber einem Mitmenschen dazu führt, daß „die gewichtslosesten Dinge wie unter der Berührung eines Zauberstabs gewichtig werden" und sich alles düster färbt. Stellt man sich hingegen abseits und betrachtet das Leben als unbeteiligter Zuschauer, so verwandelt sich „manches Drama ... in eine Komödie. ... Die Komik bedarf also einer gewissen Anästhesie des Herzens, um sich voll entfalten zu können. Sie wendet sich an den reinen Intellekt"[13].

Bergson erläutert hier einen wesentlichen Aspekt nicht nur des Lachens, sondern auch des Humors. Erst in der Distanzierung von solchen Gefühlen wie Trauer, Ärger usw. ergibt sich die Möglichkeit der anderen Sichtweise, der Betrachtung aus einer höheren Warte. Allerdings scheint es so, als habe Bergson *nur bestimmte Gefühle* im Sinn, von denen es Abstand zu nehmen gilt. Es leuchtet z.B. nicht ein, warum jemand, der sich freut, Abstand von diesem Gefühl haben muß, um lachen zu können. Z.B. haben nach Bogardus „zwei Personen, die daran gewöhnt sind, herzhaft miteinander zu lachen, ein starkes Bündnis entwickelt"[14], und es gibt keine ersichtliche Notwendigkeit einer Distanzierung von ihren freundschaftlichen Gefühlen, um miteinander lachen zu können. Auch Burbridge sieht im Lachen eher ein Vorhandensein von Gefühlen: Eine „enorme Menge an körperlichem Wohlgefühl und seelischer Kraft" entlädt sich beim Lachen, als ob „einer aus einem schlechten Traum in hellen Sonnenschein hinein erwacht wäre"[15]. Lachen drückt ein Gefühl der Befreiung, der größeren Freiheit, Vitalität und des menschlichen Kon-

taktes aus. Burbridge zitiert in diesem Zusammenhang Langer: „So
wie Sprache der Höhepunkt eines Denkprozesses ist, ist Lachen der
Höhepunkt eines Gefühlsprozesses — der Gipfel einer Welle erlebter
Vitalität"[16].

In der Betrachtung des Zusammenhang zwischen Mitgefühl und
Lachen und als Erweiterung der Überlegungen Bergsons betont
McDougall einen anderen Aspekt. Er sieht im Mitgefühl ein wesent-
liches Merkmal menschlicher Sozialität und *weist dem Lachen die
Funktion zu, uns vor übertriebenem Mitgefühl zu schützen*, einer
Überbeunruhigung vor dem Unglück anderer Menschen vorzubeugen.
Die psychische Last wäre sonst unerträglich[17].

G.H. Mead sieht im Gegensatz zu Bergson und Mc Dougall im
Lachen einen Teil einer sozialen Funktion; diese rührt nach Mead von
der eigenen Fähigkeit her, sich mit der Person zu identifizieren, die
sich in der komischen Rolle befindet: Wenn wir über jemanden lachen, der auf einer Bananenschale ausgerutscht ist, so ist es, weil wir
uns in seine Situation hineinversetzen und dann froh sind, daß uns
seine Schmerzen und seine Peinlichkeit erspart blieben. Wir finden
zwar in diesen Gedanken doch wieder die von Bergson erwähnte Distanzierung vom Mitgefühl. Jedoch setzt Mead *in jedem Fall* zunächst
das Mitgefühl voraus, dem dann die notwendige Distanzierung folgt[18].

Zusammenfassend läßt sich sagen, daß Lachen entweder direkter
Ausdruck von Freude ist oder aber die Folge einer Distanzierung von
Gefühlen. Beides gilt auch für den Humor: Einerseits kann sich der
humorvolle Mensch freuen oder mitfreuen; andererseits kann er in
schwierigen Situationen lächeln, indem er sich z.B. vom Selbstmitleid
oder vom übertriebenen Mitleid mit anderen distanziert (siehe Freud:
Humor als ersparter Affektaufwand!).

Bedeutung für die Psychotherapie

Dieser Abschnitt wird ganz kurz, weil ich auf die Bedeutung des Ausdrucks freudiger Gefühle wie auch der Distanzierung von Mitgefühl
bereits in den vorangehenden Abschnitten eingegangen bin. So, schon
ist der Abschnitt zu Ende.

Indirekte Kommunikation und Humor

Indirekte Mitteilungen sind Bestandteile jeder Interaktion und erfüllen soziale Funktionen in sehr verschiedenen Situationen. Unter den Bedingungen indirekter Kommunikation wird unter anderem auf der Beziehungsebene etwas mitgeteilt: Es handelt sich um Metakommunikation[19]. Durch indirekte Mitteilungen drückt der Interaktionspartner aus: ‚Ich möchte, daß du das, was ich dir gerade mitteile, so und so verstehst.‘ Auch wird über die Beziehung der Teilnehmer etwas mitgeteilt: ‚So sehe ich dich, so sehe ich mich, und so sehe ich unsere Beziehung zueinander.‘

Humor ist ein weitverbreitetes Mittel indirekter Kommunikation. Bateson sieht in diesem Zusammenhang ein verbindendes Element in der humorvollen Mitteilung: ,,Humor scheint mir insofern wichtig zu sein, als er den Menschen einen *indirekten Schlüssel* dazu gibt, welche Sichtweise des Lebens sie teilen oder teilen könnten‘‘[20]. Levine und Redlich sehen hingegen eine aggressive Seite im Humor: ,,Menschen, die sich und andere mit den Mitteln des Humors strafen und angreifen, finden dadurch eine Befriedigung. Sie müssen diesen Weg wählen, weil *direktere Methoden* ihnen nicht erlaubt sind‘‘[21].

Der Humor als Mittel indirekter Kommunikation kann somit Zwecken dienen, die sich in einer weiten Spanne zwischen dem Verbindenden und dem Aggressiven bewegen.

Der Ausdruck humorvoller indirekter Mitteilungen ist situationsbedingt und hängt laut Emerson[22] davon ab, ob eine oder mehrere der folgenden Bedingungen zutreffen (der Einfachheit halber bezeichne ich denjenigen, der den Humor in die Situation einbringt, kurz als ‚Humorist‘):

— Ein humorvoller Ton paßt zur Situation.
— Es ist möglich, eine spielerische Note einzubringen, ohne ein ernsthaftes Gespräch zu ‚sprengen‘.
— Die Teilnehmer kennen sich bereits gut; es herrscht eine relativ hohe Übereinstimmung; ein Mißverständnis darüber, daß Humor beabsichtigt ist, ist daher unwahrscheinlich.
— Der ‚Humorist‘ ist bereit zu riskieren, daß seine indirekte Mitteilung überhört wird.
— Der ‚Humorist‘ möchte die Möglichkeit haben, sich der Verantwortung für das Gesagte zu entziehen (‚Ich hab‘ das doch gar nicht ernst gemeint‘).

– Der ,Humorist' hat die soziale Rolle eines Narren, oder es wird ein Scherz von ihm erwartet.

Vermutlich ist diese Aufzählung nicht vollständig; z.B. könnte es durchaus Absicht des Humoristen sein, ein ernsthaftes Gespräch zu sprengen.

Bedeutung für die Psychotherapie

Die im Humor enthaltene Möglichkeit der indirekten Mitteilung hat vor allem soziale Funktionen und wird daher im nächsten Abschnitt noch einmal aufgegriffen. Hier sei daher nur der Aspekt der Bewußtheit indirekter Mitteilungen erwähnt. Dem Humoristen ist nicht unbedingt bewußt, was er mit einem Scherz mitteilt. Jemand, der z.B. durch einen Witz ein ernsthaftes Gespräch sprengt, bemerkt möglicherweise nicht die enthaltene Mitteilung: ,Ihr sollt mich beachten' oder: ,Mir ist das Gespräch unangenehm, ich möchte es nicht weiterführen!'
Ähnliche Überlegungen liegen den Gedanken einiger Tiefenpsychologen zugrunde, Witze des Patienten als diagnostisches Mittel zu verwenden[23]. Witze sind indirekte Mitteilungen der – oft unbewußten – Probleme und Haltungen der Patienten. Grotjahn gibt dazu einen Witz wieder, den ihm ein Patient in tiefer existentieller Verzweiflung erzählte: Ein Tiefseetaucher ist auf den Meeresgrund getaucht, und während er dort unten arbeitet, hört er die Stimme seines Kapitäns im Kopfhörer: „Kommen Sie schnell rauf – wir sinken!"[24].
Dem Therapeuten obliegt in solchen Fällen die Aufgabe, die indirekte Mitteilung im Humor des Klienten zu erfassen und zu deuten.

Entlastung von der Verantwortung

In Humor gekleidete indirekte Kommunikation gibt dem Äußernden ein Mittel in die Hand, sich der Verantwortung für seine Mitteilung zu entziehen. Nach Kane[25] geschieht dies z.B. dort, wo Menschen sich kennenlernen möchten und einen Austausch über Gefühle, Wünsche, Erwartungen und Werte suchen, dies aber z.B. auf Grund gesellschaftlicher Normen nicht auf direktem Wege möglich ist. Ebenso dient *Humor als Test* dafür, wie der andere einen ernst gemeinten Vorschlag aufnimmt. Weiter können humorvolle Äußerungen *Teil einer Taktik* sein, um sich selbst beliebt zu machen. In all diesen Fällen ist es möglich, die Reaktion des oder der anderen abzuwarten, bevor man sich weiter in der Interaktion vorwagt.

Ein Beispiel für diese die Interaktion fördernden *Versuchsballon-Funktionen* finden wir im Flirten und Necken in der Liebeswerbung: Von den ersten vorsichtigen Späßen und dem unsicheren Lachen zweier Menschen, die sich gerade kennenlernen und in dieser Form ihren Wunsch nach Übereinstimmung ausdrücken, bis hin zum Necken im sexuellen Vorspiel, das „dazu dient, dem Partner den Wunsch nach einer Veränderung seiner Aktivität anzudeuten..."[26] , reichen die Möglichkeiten des Spielerischen und Humorvollen in diesen besonders tabuisierten Lebensbereich.

Der Wunsch, sich der Verantwortung für eine Mitteilung zu entziehen, dient aber nicht nur verbindenden Zwecken: Auch aggressive Ziele werden verfolgt. Wird ein Gegenangriff erwartet, so läßt sich eine aggressive Äußerung in einen Witz kleiden.

Bedeutung für die Psychotherapie

Der Therapeut kann den Humor als Mittel benutzen, dem Klienten indirekt etwas mitzuteilen. Daß er den Humor als verbindendes Mittel verwenden sollte und nicht als eines der Aggression, wurde bereits mehrfach betont. Die indirekte Form gibt dem Therapeuten die Möglichkeit, zu testen, ob der Klient für die Aufnahme der Mitteilung bereit ist. Der Klient hat die Möglichkeit, die Mitteilung (bewußt oder nicht) zu überhören, wenn sie ihm nicht genehm ist.

Für den Klienten bedeutet die Möglichkeit, durch Humor die Reaktion des Therapeuten zu testen, bevor er ein Thema ernsthaft bespricht, eine Vergrößerung seines Spielraums. In einer humorlosen Atmosphäre wird der Klient sehr vorsichtig mit seinen Aussagen umgehen, weil er befürchtet, jedem einzelnen Wort würde vom Therapeuten übergroßes Gewicht beigemessen. Humor hingegen erleichtert es ihm, problematische Inhalte anzusprechen. Es ist für ihn weniger bedrohlich, ein Problem mit Hilfe von Metaphern oder einer witzigen Analogie anzusprechen, als direkt damit umzugehen. Durch die indirekte Aussage umgeht er mögliche Widerstände, weil sie vor der Verantwortung schützt.

Rosenheim beschreibt eine scherzhafte Bemerkung, die ein Jugendlicher ihm gegenüber machte, um Sympathie und Kooperationsbereitschaft nicht offen mitteilen zu müssen. Es handelte sich um einen klugen, 17jährigen Schüler; beim Erstgespräch lehnte er es ab, brauchbare Aussagen über sich zu machen, da er „einem dummen Menschen wie Sie" (gemeint war der Therapeut) sowieso intellektuell überlegen sei. Rosenheim reagierte mit der Bemerkung: „Daß du mich so schnell durchschaut hast! Du mußt wirklich ganz besonders klug sein." Dem Jungen blieben für kurze Zeit die Worte weg, als „seine Allmacht in humorvoller Art ad absurdum geführt wurde". Dann lächelte er und sagte: „O.K. — Ich gebe Ihnen eine Chance"[27].

In der Gruppentherapie muß der Therapeut besonders darauf achten, ob indirekte Mitteilungen der Teilnehmer verbindend und wohlmeinend oder trennend und feindselig sind. Ein Teilnehmer, der einen anderen, zu spät kommenden mit den Worten begrüßt: ‚Ich weiß: Die einzige freie Taxe hatte eine Reifenpanne, der Busfahrer wurde vom Blitz getroffen, und kurz, bevor du hier ankamst, wurdest du von einem Motorboot angefahren!', drückt indirekt seine Aggression aus (die allerdings kaum noch als verdeckt bezeichnet werden kann).

Kapitel 12
Soziale Funktionen des Humors

Die vielfältigen sozialen Funktionen, die der Humor erfüllt, sind durch seine besondere Wirkungskraft begründet. Coser definiert diese Wirkungskraft als „soziale Ersparnis" (in Anlehnung an Freuds Begriff der Affektersparnis): Im oft wechselnden und bedrohlichen Milieu von Gruppen könne „eine gut erzählte Geschichte, eine humorvolle Bemerkung, die innerhalb weniger Minuten unterhaltsam wirkt, beruhigt, Information vermittelt, Anspannung löst und die Menschen einander näher führt, mehr bewirken als genau geplante Ansprachen und Diskussionen..."[1]. Diese auf die Krankenhaussituation bezogenen Überlegungen Cosers haben auch für andere soziale Rahmen Gültigkeit, wobei die erzielte Wirkung auch trennend sein kann.

Das Gefühl, zusammenzugehören

Gruppen, die sich neu bilden, entwickeln relativ schnell charakteristische Formen der Interaktion, die sie von anderen Individuen oder Gruppen unterscheiden. Auch der Humor kennzeichnet eine solche Gruppe; er ist Ausdruck ihres Zusammengehörigkeitsgefühls. Bestimmte Formen und Inhalte des Humors gehören zur Gruppenkultur, und Außenstehende teilen das Lachen nicht – sie können es nicht teilen, da ihnen subtile Nuancen der gemeinsamen Perspektive fehlen. So zeigt sich im gemeinsamen Lachen bereits eine Übereinstimmung, bei der sich Außenstehende ausgeschlossen fühlen. Bergson, der betont, daß wir „die Komik nicht genießen würden, wenn wir uns allein fühlten" und daß „unser Lachen... immer das Lachen einer Gruppe" ist, beschreibt das am umgekehrten Beispiel eines Gottesdienstbesuchers, der beim Anhören einer herzergreifenden Predigt als einziger in der Kirche keine Tränen vergießt. Gefragt, warum er nicht geweint habe, sagt er: „Ich gehöre nicht zu dieser Gemeinde.“ Bergson meint, was dieser Mann vom Weinen ausgedrückt habe, „träfe noch viel mehr auf das Lachen zu“[2].

Der besondere, von einer Gruppe entwickelte Humor ist also ein sensibler Indikator dafür, ob jemand in die Gemeinschaft integriert ist oder nicht. Humor ist aber nicht nur Ausdruck eines Gefühls der Zusammen- und Dazugehörigkeit, er kann umgekehrt dazu dienen, innerhalb kurzer Zeit in einer Gruppe Übereinstimmung zu erlangen. Bereits gemeinsames Lachen bewirkt ein Gefühl des Miteinanderseins.

Bedeutung für die Psychotherapie

Der Therapeut kann feststellen, ob sich ein Teilnehmer einer Gruppentherapie zu einem bestimmten Zeitpunkt dazugehörig fühlt, wenn er darauf achtet, ob dieser mit den anderen lacht. Ein Teilnehmer, der Widerstände gegenüber der Therapie empfindet, wird nicht mit-

lachen können. Ebenso wird einer, der eine depressive Periode durch-
schreitet, wenig mit dem Gruppenhumor anfangen können.

Der Therapeut sollte auch darauf achten, daß das Lachen der
Gruppe nicht auf Kosten eines Einzelnen geschieht. So ein Lachen ist
aggressiv, zeugt nicht von besonderem Wohlwollen und ist daher mißverstandener Humor. Ebenso sollte das gemeinsame Lachen der
Gruppe nicht auf Kosten von Werten geschehen, deren Verwirklichung Ziel der Therapie ist. Die Gruppe wird sonst zwar gefestigt,
aber die Heilung nicht gefördert. Ähnlich ist es mit Witzen, die
ethnische Minderheiten oder gesellschaftliche Problemgruppen zur
Zielscheibe haben: Sie spiegeln Aggressionen wider, die nicht verdeckt ausgelebt werden sollten. Beispiele hierfür sind Witze über
Spastiker oder über Gastarbeiter. Sie gehören nicht in die Therapie;
es gibt genügend Witze und Anekdoten, die ein herzhaftes Lachen
hervorrufen können, ohne andere Menschen zu diskiminieren.

Der ‚Neue‘ in der Gruppe

Humor dient nicht nur als ‚Dazugehörigkeitsbarometer‘, er hilft
auch einem Neuen in einer Gruppe beim Integrations- und Anpas-
sungsprozeß. So kann dem neu Hinzugekommenen in humorvoller
Form vermittelt werden, daß er keine Angst zu haben braucht, sich
entspannen und sicher fühlen kann. Oder er wird — wie wir später
sehen werden — durch bestimmte Formen des Humors zur Ordnung gerufen, wenn er sich nicht den bestehenden Normen entsprechend verhält. Bei Neulingen besteht allerdings die Gefahr, daß
sie die im Humor vorhandene indirekte Mitteilung mißverstehen, da
ihnen die notwendige Übereinstimmung und die gemeinsame Erfahrung der Gruppe fehlen. Coser stellte bei ihren Beobachtungen in
einem Krankenhaus fest, daß sich Patientinnen, die bereits länger auf
einer Station waren, miteinander anders als mit Neulingen unterhiel-
ten. Eine Patientin erzählte z.B. in einem Gespräch mit anderen
‚Älteren‘: „Nie lassen sie einen allein. Selbst nach meiner Operation
haben sie mich nicht allein gelassen. Vier Krankenschwestern waren
ständig um mich herum und kamen andauernd, um mich zu fragen:
‚Fühlen Sie sich wohl?‘ ‚Haben Sie Schmerzen?‘ ‚Möchten Sie eine
Tablette haben?‘ ‚Brauchen Sie Wasser?‘ Wo ich doch nur schlafen
wollte!“ Andere Patientinnen nickten, lächelten oder lachten hierauf[3]. Ganz anders unterhielt sich die Patientin am gleichen Tag mit

einer ‚Neuen' über die Befürchtung der Letzteren, was hier mit ihr geschehen würde. Zu dieser sagte sie: „Die sind hier wirklich nett, wissen Sie. So wie nach meiner Operation, vier Krankenschwestern waren immer in der Nähe und fragten mich, ob ich etwas bräuchte; sie fragten mich auch immer wieder, ob ich Schmerzen hätte oder etwas benötigte. Ich brauchte nichts, aber es war dennoch sehr angenehm zu wissen, daß sie sich um einen kümmern. Sie brauchen sich hier gar keine Sorgen zu machen"[4]. Die Patientin hatte offensichtlich bemerkt, daß die Neue durch eine scherzhafte Art eher noch mehr verängstigt worden wäre. Erst nachdem eine gewisse Entspannung eingetreten ist, wird ein Neuling am humorvollen Gespräch teilnehmen können.

Bedeutung für die Psychotherapie

Die Einführung eines Neuen in eine Gruppe sollte mit Vorsicht geschehen, wie dies am Beispiel der Krankenhauspatientin beschrieben wurde. Der Therapeut und die Gruppe kennen die verwundbaren Stellen eines Menschen zu Beginn der Therapie nicht und sollten sich mit Humor deshalb erst vorsichtig herantasten.

Abgrenzung gegenüber Außenstehenden

In vielfältiger Art dient Humor dazu, gegenüber anderen Menschen zu betonen, daß sie nicht dazugehören, daß sie ‚out' sind. Eine solche Abgrenzung wird u.a. Personen gegenüber vorgenommen, die eine Macht oder Autorität verkörpern. Diese empfinden den Ausschluß als besonders störend, weil ihnen dadurch die Möglichkeit des (Mit-)Lachens genommen wird. Aus der Schule ist uns die etwas bissige Frage des Lehrers: ‚Darf ich fragen, worüber ihr lacht, damit ich mitlachen kann?' sicherlich geläufig.

Ein Beispiel dafür, wie man jemandem mit einem Scherz zeigen kann, daß er ‚out' ist, beschreiben Kaplan und Boyd: Die leitende Diätassistentin einer psychiatrischen Klinik führte ein Gruppengespräch mit den männlichen Patienten einer Station; es ging um die Ernährung in der Klinik. Ein Patient beschwerte sich über das „armselige Verhalten" eines Essensausträgers den Klinikinsassen gegenüber. Die Diätassistentin versprach, der Angelegenheit nachzugehen, worauf ein Patient meinte: „Ach, das geht schon in Ordnung. Wir

121

planen, ihn umzubringen, wir dachten nur, wir wollten Ihnen unsere Absicht mitteilen, damit sie nachher nicht aus allen Wolken fallen..."[5]. Die Diätassistentin wurde hier vom Lachen ausgeschlossen, da sie als einzige nicht sicher sein konnte, daß die ‚Morddrohung‘ nicht ernst gemeint war.

Das Scherzen und Lachen ist in solchen Fällen oft Ausdruck von Rebellion. Coser beschreibt Gespräche, in denen Patientinnen ihre Auflehnung gegen die Krankenhausroutine ausdrücken: „Man kann sich hier wirklich nicht richtig ausruhen", sagte eine Patientin. „Um sechs Uhr wecken sie dich. Da denke ich, ich schlafe dann nach dem Frühstück. Kaum bin ich eingedöst, da kommt der Arzt und fragt: ‚Schlafen Sie?‘ Ich antworte natürlich: ‚Nein, jetzt nicht mehr!‘ Ist er weg und will ich wieder schlafen, dann kommt die Krankenschwester mit einem Medikament." Hierauf eine andere Patientin: „Ich werde froh sein, nach Haus zu kommen und mich ausruhen zu können. Wenn ich länger hier bleibe, werde ich noch krank"[6]. Diese Darstellung der Art: ‚Im Krankenhaus wird man geweckt, um eine Schlaftablette verabreicht zu bekommen‘, drücken die Auflehnung gegen den Automatismus, das Mechanische, die Routine aus, die „das Lebendige überdeckt", wie Bergson schreibt.

Zu erwähnen ist noch, daß die Abgrenzung gegenüber Außenstehenden dazu dienen kann, Konflikte innerhalb der Gruppe nach außen zu kanalisieren. Mit Scherzen über andere läßt sich gut von Unterschieden und Gegnerschaften innerhalb einer Gruppe ablenken.

Bedeutung für die Psychotherapie

Dem Therapeuten dient ein Lachen der Gruppe, bei dem er ‚ausgeschlossen‘ wird, als möglicher Indikator für seinen Führungsstil: Hat er die Rolle des Lehrers, zu dem man kein Vertrauen hat? Entsprechend seinem Verständnis der eigenen Rolle kann er sich fragen, ob sein Ausschluß vom Gruppenhumor bedeutet, daß er an seiner Haltung etwas ändern müßte.

Ebenso kann er sich in Fällen, in denen bestimmte Techniken auf den Arm genommen werden, überlegen, ob diese automatisch eingesetzt werden, ‚mechanisch‘ im Sinne Bergsons, und der Therapie deshalb die Lebendigkeit fehlt. Er muß jedoch darauf achten, daß die verdeckte Kritik oder Aggression auch andere als die erwähnten Ursachen haben kann (z.B. Autoritätsprobleme der Teilnehmer).

Wie ich schon erwähnte, ist es ein sehr beliebtes Mittel zur Kanalisierung von Konflikten innerhalb der Gruppe, über Außenstehende zu lachen. Ein solches Lachen braucht nicht unterbunden zu werden, jedoch sollte sich der Therapeut fragen, ob verdeckte Konflikte und Aggressionen innerhalb der Gruppe bestehen, die angesprochen werden müßten. Lachen über andere mag zwar den Zusammenhalt der Gruppe fördern, dient aber nicht unbedingt der seelischen Gesundheit.

Bei dem im November 1981 stattgefundenen Treffen der Anhänger Baghwan Rajneeshs in Berlin fragte bei einer Diskussion eine Frau, wie sich diese Gruppe verhalten würde, wenn Hitler heute an der Macht wäre. Die Antwort des Rajneesh-Stellvertreters, eines Engländers, war sinngemäß: „Manche Menschen meinen, sie bräuchten immer genaue Verhaltensregeln und Gesetze, nach denen sie sich richten können, sonst fühlen sie sich nicht wohl. Deutsche sind so (Germans are like that). ...". Die große Versammlung lachte hierauf. Der zweifelhafte Witz dieses Guru-Stellvertreters und das Lachen der Sannyassins (auch über die Fragestellerin, eine Deutsche!), verhinderte eine Diskussion über das politische Selbstverständnis der Rajneesh-Anhänger.

Entspannende und fördernde Wirkung

Soziale Spannungen gegenüber kann eine komische Bemerkung sehr auflockernd wirken. K.M. Wilson meint sogar, Humor könne „mehr als die Vereinten Nationen dazu beitragen, den Frieden in der Welt zu bewahren"[7]. Dem stimme ich gern zu, werde mich hier allerdings darauf beschränken, schwierige Situationen in etwas kleineren Gruppen oder im Zweiergespräch zu betrachten. Diese entstehen laut Emerson[8], wenn:

— die Interaktion sehr unstrukturiert ist (das Thema oder die Stimmung ändern sich rasch);
— die Situation verschiedene Definitionen durch die Teilnehmer erfährt;
— Konflikte unter den Teilnehmern dazu führen, daß sie ihre privaten Interessen über denen der gemeinsamen Interaktion stellen; und wenn
— einzelne Teilnehmer als störend oder unkooperativ empfunden werden.

Humor kann ein wichtiges Mittel sein, um mit solchen Schwierigkeiten umzugehen. Ein Scherz kann helfen, die Probleme anzusprechen, ihre Ursachen zu suchen und mit ihnen umzugehen. Die Wirkung des Humors liegt darin begründet, daß die Situation in einen größeren Bezugsrahmen gesetzt wird. Außerdem bewirkt Humor, wie bereits beschrieben, ein gewisses Maß an Übereinstimmung und verringert somit die entstandene soziale Distanz.

Eine lustige Geschichte kann auch für die Zuhörer die Mitteilung beinhalten, daß sie sich sicher fühlen und entspannen können. In diesem Zusammenhang vergleicht Margaret Mead das Lachen mit dem Orgasmus, da beide dann zustande kommen, wenn die Situation als sicher und von Vertrauen geprägt empfunden wird[9]. Auch Bateson sieht im Humor ein Mittel zur Lockerung. Indem ein Mensch lächelt, drückt er gegenüber dem anderen aus: „Ich mag dich, ich mag, was du gerade sagst, ich verstehe dich"[10].

Strotzka sieht im Gegensatz hierzu im Witz, der für Entspannung in einer unangenehmen oder konflikträchtigen Situation sorgt, eine relativ unreife Form der Problembewältigung: „Wenn in einer gespannten Gruppensituation durch einen Witz die Spannung gelöst wird, dann ist die Gruppenaufgabe noch nicht gelöst, sondern bestenfalls die Voraussetzung dafür geschaffen"[11]. In vielen Situationen wird mit dem gemeinsamen Lachen ein Problem überdeckt, das dann doch später hervorbricht. Daher ist es wichtig, zwischen dem Humor, der neue Perspektiven zur Lösung des Konflikts eröffnet, und dem Witz, der überdeckend wirkt, zu unterscheiden.

Bedeutung für die Psychotherapie

In der Einzel- wie in der Gruppentherapie finden sich häufig Situationen, in denen die Stimmung sinkt oder Spannungen und Aggressivität unnötig groß werden. Eine humorvolle Bemerkung oder eine Anekdote können in einem solchen Augenblick sehr wirkungsvoll sein. Der Therapeut bewirkt damit die Entspannung, die zur ernsthaften Besprechung von Konflikten oder Schwierigkeiten im Gespräch notwendig ist.

Beispiele hierfür sind selten beschrieben. Grotjahn berichtet von einer Patientin, die sich bitter und eindringlich über wiederholte und heftige Auseinandersetzungen mit ihrem Mann beklagt: „Was immer die Gruppe dazu sagte, vorschlug, deutete oder riet, nichts half. Alles wurde abgelehnt, die bitteren Fehden gingen weiter. Schließlich sagte der Gruppentherapeut: „Wissen Sie, daß in Noahs Arche der Geschlechtsverkehr verboten war? Als die Pärchen nach der Flut die Arche verließen, beobachtete Noah sie und sah plötzlich, daß dem Kater und der Katze eine Anzahl Junge folgte. Fragend hob er die Augenbrauen, woraufhin der Kater sagte: ,Hast du gedacht, wir hätten uns gebalgt?' Danach wollte die Gruppe nichts mehr von dem Ehestreit der Patientin hören, was soviel hieß wie: Wenn das eure Art ist, zu leben und zu lieben, dann handelt danach und beklagt euch nicht"[12]. In diesem Beispiel hat der Therapeut bemerkt, daß die Gruppe in wachsendem Maße ungeduldig wurde, wenn die Patientin ,wieder mal' auf ihre Ehestreitigkeiten zu sprechen kam. Er sorgte für Entspannung, indem er verdeutlichte, daß man das Problem mit mehr Gelassenheit betrachten könne.

Eine ähnliche Situation ergab sich in einer von mir mitgeleiteten Gruppensitzung, in der eine Klientin längere Zeit über eine kurze Liebesbeziehung monologisierte, die der Mann freundlich, aber ohne nähere Begründung beendet hatte. Die Gedanken der Klientin drehten sich nur darum, wie sie aus diesem Mann herausbekommen könnte, warum er die Beziehung nicht mehr wollte. Die Gruppe wurde zusehends müder, da sie den Eindruck bekam, daß die Klientin sich nicht mehr im Dialog mit ihnen befand. Auch ich bemerkte in mir Ungeduld über das Festhalten der Klientin an ihrem Mißerfolg und sagte schließlich kräftig, aber lächelnd: „Und dann hast du dir gesagt: ,So, das ist leider zu Ende; immerhin habe ich die angenehme Erfahrung gemacht, daß mir die Zärtlichkeit und Nähe in einer Liebesbeziehung guttut. Also werde ich mich jetzt schleunigst nach einem anderen Mann umschauen.' " — „Nee! Du bist ja jut!", antwortete die Klientin und lachte. An dieser Stelle nahm das Gespräch eine Wende, in der die Klientin ihren starren Blickwinkel verlassen und über ihre Unsicherheit bei der Partnersuche sprechen konnte, wobei auch die anderen Gruppenteilnehmer wieder wacher wurden.

Kontrollfunktion des Humors

Humor kann eine verdeckte Art sein, zu tadeln oder zurechtzuweisen, ein mildes Sozialisationsmittel, mit dessen Hilfe darauf hingewiesen wird, wie Dinge laufen sollten bzw. empfohlen wird, was zu tun ist. Nach Emerson lernen sowohl der Humorist als auch der Zuhörer etwas von der scherzenden Mitteilung; beide gehen aus der Situation mit einer etwas veränderten Sichtweise hervor[13].

Auch für die Erörterung der Kontrollfunktion des Lachens sind Bergsons Überlegungen bahnbrechend. Er meint, das Lachen sei ein Korrektiv „und dazu da, jemand zu demütigen", und zwar als Rache für die Freiheiten, die er sich gegenüber der Gesellschaft nimmt[14]. Das Lachen dient der Anpassung der Menschen an die Gesellschaft. Bergson weist ihm eine *positive Kontrollfunktion* zu. Das Leben verlange von Menschen „Gespanntheit und Elastizität", die Gesellschaft darüber hinaus „ein fortwährendes Bemühen um gegenseitige Anpassung" ihrer Mitglieder. Dieses Bemühen geht verloren, wenn jemand sich ausschließlich dort anstrengt, wo es unbedingt notwendig ist „und sich im übrigen ganz dem mühelosen Automatismus erworbener Gewohnheiten überläßt". Das Lachen ist eine soziale Geste, die durch die Furcht, die sie auslöst, das Ausgefallene korrigiert; es „sorgt dafür, daß gewisse Handlungsweisen, die sich zu isolieren und einzuschläfern drohen, stets bewußt und aufeinander abgestimmt bleiben, kurz, es lockert jede mechanische Steifheit... Diese Steifheit ist das Komische, und das Lachen ist ihre Strafe"[15]. Das Lachen bewirkt, daß wir aus Furcht, ausgelacht zu werden, flexibel bleiben. Es führt Menschen dazu, ihre sich selbst aufgezwungenen Ketten abzuschütteln und den befreiten Weg des Lebens aufzunehmen.

Im Gegensatz zu Bergson betonen andere Autoren die *konservative Kontrollfunktion* des Humors. Nach Flugel[16] verhindert die mit dem Humor einhergehende Erleichterung oder Entspannung eine Haltung, sich nicht ernsthaft anzustrengen oder um Anpassung an neue Situationen zu bemühen. In der Krankenhaussituation führt Lachen zur Minderung von Beschwerden und hat somit auch eine Dämpfung konfliktträchtiger Reaktionen zur Folge. Laut Coser[17] bringen sich Patienten gegenseitig bei, ihre Schwierigkeiten durch Lachen zu mildern; dadurch untersützen sie die Aufrechthaltung der im Krankenhaus geltenden Normen. Indem die Patienten eine neue Definition der Situation herbeiführen, die die Zustände harmloser erscheinen läßt, festigen sie den status quo der Krankenhaussituation; der Zustand bleibt ohne Veränderung akzeptierbar.

Auch Rapp[18] ist der Meinung, Lachen wirke hemmend auf das Gute oder das Progressive. So wurden oft Pioniere der Menschheit ausgelacht. Z.B. sagte Martin Luther über Kopernikus: „Der Narr will die ganze Kunst Astronomiam umkehren; aber die Heilige Schrift sagt uns, daß Josua die Erde stillstehen ließ und nicht die Sonne"[19].

Mit ihren Überlegungen zum aggressiven Witz und zur Zote schreiben auch die Psychoanalytiker dem Humor eine konservative Wirkung zu. Levine schreibt in Anlehnung an Freud: „Die scherzende Beziehung ist ein von der Kultur verwendetes Mittel zur externen Kontrolle über aggressive und sexuelle Bedürfnisse... Durch formalisiertes witziges Verhalten werden diese tabubehafteten Bedürfnisse kanalisiert und abgeführt"[20].

Dort, wo Lachen Kontrollfunktionen erfüllt, ist es zumeist ein *Aus*lachen. Indem Bergson das Lachen als eine Bestrafung ansieht, betont er diesen besonderen Aspekt. Nach Strotzka bedeutet die durch Ausgelachtwerden erfahrene Verletzung eine der „bittersten narzißtischen Kränkungen", da das Gefühl entsteht, nicht ernst genommen zu werden. Diese Verletztheit ist auch deshalb schwer zu überwinden, weil kein offener Angriff vorliegt und daher eine aggressive Antwort besonders schwierig ist[21]. Der Angegriffene kann höchstens versuchen, mitzulachen, auch wenn er insgeheim Gefühle der Peinlichkeit und des Ärgers hat. Das Auslachen dient also dazu, die Einhaltung einer Norm zu kontrollieren. Durch Humor werden Handlungen oder Ideen ins Lächerliche gezogen, die im Gegensatz zu den akzeptierten Praktiken einer Gruppe stehen.

Jedoch wird das Auslachen von der Gesellschaft nur dann als Korrektiv eingesetzt, wenn es sich bei den Fehlern „um Harmlosigkeiten handelt" und also eine schärfere Repression unangemessen wäre[22]. Indem bereits die frühesten Andeutungen von Abweichungen durch Humor aufgefangen werden, wird eine Entwicklung verhindert, die ernsthaftere Schritte erfordert. Nach Emerson[23] hängt die Wahl zwischen einer scherzhaften Zurechtweisung und der funktional gleichwertigen moralischen Entrüstung davon ab, ob:

— wesentliche Normen und Werte der Gruppe berührt werden;
— das ‚unpassende' Verhalten im Rahmen einer formellen oder informellen Situation eintritt;
— die sozialen Beziehungen unter den Beteiligten gefestigt sind oder nicht.

Die scherzhafte Reaktion als ‚Erstmaßnahme' ist deshalb bedeutungsvoll, weil eine ernsthafte Ermahnung sehr viel eher das Risiko in sich birgt, den Betroffenen durch eine weitere Ermahnung formal oder de facto von der Gruppe auszuschließen. In der scherzhaften Ermahnung ist nicht nur eine korrigierende Komponente, sondern auch eine stützende, solidarische, die neutralisierend auf die Schärfe der Korrektur wirkt.

Abschließend sei noch bemerkt, daß der Humor nicht allein der sozialen Kontrolle dient, sondern umgekehrt der Humor einer sozialen Kontrolle unterliegt. Humor ist von einer Reglementierung nicht frei: „Selbst deine Freuden müssen auf dem Markt gehandelt werden; Befriedigungen, die nicht an der Börse notiert werden, sind dir nicht erlaubt; und wenn du nicht erklärst, warum du gelacht hast und der Grund deinen Mitmenschen nicht ersichtlich ist, wird man bald sagen, du ‚lachst wie ein Idiot'... Von deinem Lachen wird erwartet, daß es die Reaktionen des ‚kollektiven Gewissens' ausdrückt, sonst gilt es als unsinnig, und nach Überschreitung einer gewissen Grenze wird es zur Fehlanpassung"[24].

Unter gewissen Umständen wird auch Druck ausgeübt, mitzulachen: „...sehr oft wird jemand lachen, obwohl er den Witz nicht gehört oder nicht verstanden hat, sofern die Gruppe, in der er ist, auch lacht"[25]. Dies geschieht insbesondere in hierarchisch strukturierten Interaktionen, in denen der niedriger Gestellte unter Druck steht, über die Witze des Höhergestellten zu lachen. Der Höhergestellte kann hingegen sehr wohl einen Witz zurückweisen. In einer Anekdote über Königin Viktoria wird berichtet, wie sie einem anspielungsreichen Witz eines Höflings mit den Worten „We are not amused" begegnete...

Bedeutung für die Psychotherapie

In der Gruppentherapie ist es oft notwendig, einen Teilnehmer zu korrigieren; geschieht es mit Humor, so hat das die bereits besprochenen Vorteile der Milde und der Vermeidung ernsthafter Konsequenzen. Es ist allerdings schwierig, gerade im Augenblick der Korrektur auch noch den notwendigen Humor aufzubringen, zumal die Gefahr besteht, daß der Klient sich ausgelacht fühlt. In solchen Fällen mag auch eine mit Lächeln verbundene ernsthafte Korrektur genügen. Der humorvolle Therapeut muß nicht immer vor witzigen Bemerkungen sprühen.

Was die konservative Wirkung des Lachens betrifft, sollte der Therapeut sein Augenmerk darauf richten, ob die Gruppe, indem sie ein Mitglied auslacht, versucht, Strukturen und Verhaltensweisen aufrechtzuerhalten, die der Therapie nicht dienlich sind. Stagnation im Gruppengeschehen bedeutet auch Stagnation in der therapeutischen Entwicklung der Mitglieder. Umgekehrt mag es der Therapeut sein, der befürchtet, seine Gruppe aus der Kontrolle zu verlieren, wenn die Teilnehmer neue Vorschläge oder Humor einbringen. Beispiele hierfür finden sich in den gruppentherapeutischen Szenen des Films „Einer flog über das Kuckucksnest", in denen die Krankenschwester auf Vorschläge wie den, ein Baseballspiel außerhalb der offiziellen Fernsehzeit anschauen zu dürfen, mit Kühle und Abneigung (und wohl auch Angst) reagiert.

Dieses Beispiel zeigt auch, daß es die Machthaber (in diesem Fall das Pflegepersonal) sind, die bestimmen, was humorvoll ist und was nicht. Es ist vielleicht deshalb so wichtig, daß ein Therapeut über Humor verfügt, weil er dann flexibel genug ist, ‚fünf grade sein zu lassen' und die Eigeninitiative der Klienten über die Normen der Institution oder der therapeutischen Schule zu stellen.

Das Machtgefüge zeigt sich auch darin, daß einem Therapeuten eher als einem Klienten zugebilligt wird, einen Witz zu machen. Auch wird der Klient eher dazu neigen, bei einem Witz des Therapeuten zu lachen, auch wenn er es gar nicht witzig findet (s.o., S. 64).

Der Therapeut muß darauf achten, daß seine eigenen Witze keine konservative Wirkung haben — wie das Beispiel des Baghwan-Stellvertreters (s.o., S. 123) zeigt.

Die Erörterung der sozialen Funktionen des Humors ist hiermit eigentlich abgeschlossen. Ein Abschnitt sei aber noch hinzugefügt, der sich mit der Zuweisung ganz bestimmter komischer Rollen in einer Gruppe befaßt.

Der ‚Narr' und der ‚Clown' in der Gruppe

In vielen Gruppen erhält ein Mitglied innerhalb kurzer Zeit die Rolle eines Narren, die er schwer abzuschütteln vermag. Persönlich erinnere ich mich an einen Teilnehmer einer Gruppentherapie, bei dem andere schon zu lachen anfingen, wenn er zum Sprechen ansetzte. Selbst wenn er etwas ernsthaft vortrug, wurde ohne ersichtlichen Grund gelacht. Dieser Teilnehmer blieb nach einiger Zeit von der Therapie weg, ohne daß sich an seiner Rolle etwas geändert hätte.

Klapp[26] zählt einige Faktoren auf, die zur Rollenfestlegung als Narr führen können:

— wiederholte Handlungen oder offensichtliche persönliche Züge, die ständig die Rolle des Narren nahelegen,
— ein durchschlagender komischer Auftritt, der die Mitmenschen endgültig davon überzeugt, der Betreffende sei ein Narr,
— eine Anekdote über den Betreffenden, die so einprägsam ist, daß sie immer wieder erzählt wird, so daß eine nicht auszurottende Legende entsteht,
— ein Fehlschlag bei dem Versuch, der Narrenrolle durch verändertes Verhalten entgegenzutreten.

Je länger eine Person die Rolle des Narren innehat, umso schwieriger ist es für ihn, sich hiervon zu lösen. Eine Möglichkeit der Befreiung von diesem Stigma ist es, die anderen durch bestimmte Handlungen zu einer Einstellungsänderung zu bewegen. Indem z.B. der Narr zeigt, daß er von den Witzen, deren Zielscheibe er ist, verletzt wird, kann er Mitgefühl — den größten Feind des Auslachens — hervorrufen. Eine unerwartete ‚Heldentat‘ hat auch eine Einstellungsänderung der Umwelt zur Folge, da die anderen sich mit dem Helden identifizieren oder zumindest andere Qualitäten an ihm kennenlernen.

Ein Narr zu sein ist eine Schande oder Ungnade. Der soziale Status ist niedrig, dem Narren werden Rechte und Verantwortung entzogen. In ernsthaften Angelegenheiten gilt er als inkompetent, und er ist innerhalb der Gruppe isoliert. Die Rolle des Narren wird von jedem gemieden, da — wie bereits beschrieben — die Angst davor, ausgelacht zu werden, „so stark sein kann wie die Furcht vor Bestrafung oder gar vor dem Tod"[27].

Andererseits erfüllt der Narr in einer Gemeinschaft eine soziale Funktion. Er trägt zur Lockerung in einer allzu steifen Atmosphäre bei, er befreit durch seine Komik von Zwängen und Routine. Eine weitere Funktion kann darin bestehen, als Ventil für in der Gruppe entstandene Aggressionen zu dienen.

Die Zuschreibung des Etiketts ‚Narr‘ kann auch den Zweck verfolgen, Neulinge, die sich in einer Gemeinschaft in den Vordergrund drängen wollen, zurückzuweisen. Ähnlich kann diese Zuschreibung gegenüber „Emporkömmlingen, Heuchlern und Inkompetenten in einflußreichen Stellungen" erfolgen[28].

Im Gegensatz zur Narrenrolle steht die des Clowns, der sich

seiner Rolle bewußt ist und z.B. selten in einflußreiche Positionen gelangen möchte. Obwohl seine soziale Funktion der des Narren ähnlich ist, genießt er einen anderen Status und ist stärker in die Gemeinschaft eingebunden. Der Clown legt es darauf an, Lachen hervorzurufen, während der Narr es eigentlich vermeiden möchte.

Wenn allerdings eine Gruppe zu einem bestimmten Zeitpunkt darin übereinstimmt, ernst bleiben zu wollen, wird sie den Clown zurechtweisen. In einem von mir geleiteten Volkshochschulkurs antwortete ein Teilnehmer auf die Frage: „Wo ist deine verwundbare Stelle?" mit den Worten: „Da möchte ich wie der Jäger antworten: zwischen den Schulterblättern." Er wurde sofort von der Gruppe zurechtgewiesen. „Die Frage ist ernst gemeint, versuch', sie zu beantworten." Es stellte sich heraus, daß er nicht ernsthaft auf die Frage eingehen konnte.

Bedeutung für die Psychotherapie

Dem Therapeuten obliegt die Aufgabe, die Zuschreibung einer Narrenrolle zu verhindern. Er kann an das Mitgefühl der Gruppenteilnehmer appellieren, indem er z.B. auf einen Teilnehmer ernsthaft eingeht, den die anderen gerade ausgelacht haben. Eventuell ist auch ein offenes Aussprechen des Problems angebracht. Der Gruppe muß bewußt werden, daß der „Narr" vermutlich nicht das erste Mal die Erfahrung macht, diese Rolle zugeschrieben zu bekommen, und sich warme und mitfühlende Menschen eher wünscht als solche, die ihn auslachen.

Beim Clown muß der Therapeut sein Augenmerk darauf richten, ob seine Späße dem Gruppenprozeß dienlich sind oder nicht. Ein Clown kann Angst vor Nähe haben und diese durch seine Späße verhindern. Er kann aber auch durch einen Spaß ‚das Eis brechen' und eine erwünschte Lockerung der Atmosphäre herbeiführen.

V. Schlußfolgerungen: Sieben Thesen zum Humor in der Psychotherapie

In den folgenden Thesen ziehe ich die Schlußfolgerungen aus den bisherigen Überlegungen. Einige der verwendeten Ausdrücke sind typisch für bestimmte therapeutische Schulen. Sinngemäß gelten die Thesen jedoch allgemein; so sollte z.B. der Gesprächstherapeut den Satz: ‚Die freie Assoziation wird gefördert‘ in: ‚Die Möglichkeit der Selbstkommunikation und der Mitteilung an andere werden gefördert‘ umwandeln[1]. Es läßt sich sagen, daß Humor ein gemeinsamer Bestandteil verschiedener Therapieformen ist, was nicht verwundern sollte, da er eine allgemeine menschliche Qualität darstellt und keine spezifische Technik einer bestimmten therapeutischen Richtung.

I. Humor ist in der Psychotherapie sinnvoll und wünschenswert. Therapeutischer Humor wirkt sich positiv auf die Entwicklung des Klienten aus.

Folgende Vorteile werden durch therapeutischen Humor erreicht:

1. Die humorvolle Haltung des Therapeuten hat Modellwirkung. Der Klient übernimmt diese Einstellung bewußt oder unbewußt.
2. Gemeinsames Lachen entspannt die Therapeut-Klient-Beziehung und stärkt so das therapeutische Bündnis. Dadurch wird die freie Assoziation gefördert.
3. Mitteilungen des Therapeuten können durch Humor indirekt erfolgen; der Klient behält die Freiheit, die indirekte Mitteilung zu verstehen oder nicht. Die Meinung des Therapeuten wird ihm nicht aufgezwungen.
4. Humorvolle Deutungen werden vom Klienten eher akzeptiert als ernsthafte. Die Bewußtwerdung verdrängter Erinnerungen, Gefühle und Gedanken wird so erleichtert.
5. Die Sichtweise des Klienten wird verändert. Humor ermöglicht es ihm, seine Probleme zu relativieren und sich selbst und andere aus einem wohlwollenden Blickwinkel zu betrachten.
6. Das Selbst des Klienten wird gestärkt. Er kann sich von bisherigen, ihn hemmenden Überzeugungen trennen und entfaltet seinen freien Willen und seinen Sinn für Freude.

II. *Humor ist keine erlernbare Technik, sondern entwickelt sich mit der Persönlichkeit des Therapeuten. Es ist wichtig, daß er seinen Humor in der Therapie überprüft bzw. in der Supervision reflektiert.*

Im Gegensatz zum ‚witzigen Therapeuten' weist der humorvolle Therapeut folgende Eigenschaften auf:

— Spontaneität
— Flexibilität
— Wissen
— Gesunden Menschenverstand
— Lebenserfahrung
— Bescheidenheit
— Toleranz

Er weiß, daß er fehlerhaft ist und kann über sich selbst lachen. Er kann mit dem Leben sowohl spielerisch als auch ernsthaft umgehen. Er ist von den Wachstums- und Entfaltungsmöglichkeiten des Menschen überzeugt.

III. *Therapeutischer Humor setzt beim Therapeuten Echtheit, Empathie und unbedingtes Akzeptieren des Klienten voraus. Der Klient muß in der Lage sein, den Humor des Therapeuten zu verstehen und anzunehmen.*

Unter *Echtheit* therapeutischen Humors ist zu verstehen, daß sich hinter dem Humor keine Ängste, Aggressionen o.ä. verbergen.

Unter *Empathie* ist zu verstehen, daß der Therapeut den Klienten und seine Lebensgeschichte gut kennt, z.B.. auch seine verwundbaren Stellen. Ebenso muß er die jeweiligen Gefühlsregungen des Klienten bemerken und seinen Humor danach richten.

Der Therapeut muß zwischen solidarischem Mitlachen und Auslachen unterscheiden. Nur auf der Grundlage *unbedingten Akzeptierens* und Wertschätzens wirkt Humor fördernd auf den Klienten. Kann der Therapeut den Klienten nicht akzeptieren, so wird sein Humor ihm gegenüber unecht.

Der Klient muß *Vertrauen in den Therapeuten* haben, ehe er den Humor positiv aufnehmen kann. Daher ist in der Anfangsphase einer

Therapie Humor mit besonderer Vorsicht einzubringen. Aus denselben Gründen ist bei Klienten mit paranoiden Zügen Humor allgemein zu vermeiden.

IV. *Vom Klienten ausgehender echter Humor ist ein Zeichen gesunder Entwicklung. Ein positives Echo des Therapeuten ist wünschenswert. Hingegen können hinter Witzen des Klienten Tendenzen verborgen sein, die der Therapeut erkennen sollte.*

Echter Humor kann eine einzelne neue Erkenntnis des Klienten über sich selbst begleiten (z.B. Bewußtwerdung eines bisher verdrängten Gefühls) oder aber Ausdruck der allgemein entwickelten Fähigkeit sein, sich selbst und andere aus einem wohlwollenden Blickwinkel zu betrachten.

Hinter einem *Witz* kann sich die indirekte Mitteilung eines dem Klienten unangenehmen Inhalts oder der Ausdruck von unbewußten Hemmungen, Ängsten, Aggressionen usw. verbergen.

V. *In vielen psychotherapeutischen Kunstgriffen ist Humor enthalten. Ohne ihn wären sie wirkungslos.*

Zu diesen Kunstgriffen sind zu zählen:

1. Die Erklärung von Zusammenhängen mittels Anekdoten, Witzen oder Sprichwörtern.
2. Einige Spiegelungstechniken, die eine Übertreibung des Patientenverhaltens oder -denkens beinhalten.
3. Wohlwollendes Aufziehen oder ‚Auf-den-Arm-Nehmen‘ des Klienten (z.B. bei Klienten, die nur um ihre Zwangsgedanken kreisen).
4. Die Paradoxe Intention, die in der Verschreibung des gefürchteten Ereignisses besteht und das Ziel verfolgt, dem Klienten eine humorvolle Einstellung zu seinem neurotischen Symptom zu vermitteln.
5. Einige Techniken der Gestalttherapie, wie die Anweisung, einen spielerischen Dialog mit den eigenen Symptomen zu führen oder ein bisher vermiedenes Verhalten übertrieben darzustellen. Ziel solcher Anweisungen ist der Abbau des Selbstkontrollzwangs durch den Klienten.

VI. Vom Therapeuten ausgehender falscher Humor unterbindet eine positive Entwicklung des Klienten. Der Therapeut muß sich dessen bewußt sein, daß der Klient einem solchen Humor machtlos ausgeliefert ist.

Hinter dem unechten Humor des Therapeuten lassen sich die folgenden Tendenzen unterscheiden:

— Ängste, z.B. vor unangenehmen Themen.
— Aggressionen dem Klienten gegenüber.
— Exhibitionistische Tendenzen (der Therapeut läßt sich für seinen ‚Humor' feiern).
— Abwehr gegen die Gefühle des Klienten. Diese drückt sich meist darin aus, daß versucht wird, den Klienten aufzumuntern oder aufzuheitern.
— Projektion eigener Probleme auf den Klienten. Der Therapeut lacht den Klienten wegen Schwierigkeiten aus, die er selbst nicht bewältigt hat.

Der falsche Humor des Therapeuten wirkt sich folgendermaßen aus:

— Die Kindheitserfahrung, ausgelacht zu werden, wiederholt sich für den Klienten.
— Der Klient unterdrückt seinen Ärger darüber, ausgelacht zu werden, da er nicht als humorlos gelten möchte.
— Aufheiterungsversuche des Therapeuten verstärken die Abwehrmechanismen des Klienten.
— Eine Tendenz des Klienten, sich selbst nicht ernst zu nehmen, wird unterstützt.
— Die freie Assoziation des Klienten wird blockiert.

VII. In der Gruppentherapie ergeben sich für den Therapeuten besondere Aufgaben. Einerseits kann er Humor als Mittel zur milden Korrektur des Teilnehmerverhaltens einsetzen. Andererseits lassen sich aus dem Gruppenhumor verschiedene Rückschlüsse auf den Verlauf der Therapie ziehen.

Die folgenden Aspekte des Gruppenhumors sind für den Therapeuten von Bedeutung:

138

- Wenn ein Teilnehmer nicht mit der Gruppe mitlacht, so fühlt er sich nicht dazugehörig.
- Wird der Therapeut vom Lachen der Gruppe ausgeschlossen, so lassen sich Rückschlüsse auf seinen Führungsstil bzw. auf die Art, wie er von den Teilnehmern wahrgenommen wird, ziehen.
- Lacht die Gruppe auf Kosten von Teilnehmern, Außenstehenden oder von positiven Werten oder Vorschlägen, so vermeidet sie die Bearbeitung von Konflikten innerhalb der Gruppe. Ein solches Verhalten, z.B. durch tendenziöse Witze ausgedrückt, hat eine hemmende Wirkung auf den therapeutischen Prozeß.
- Ein ‚Clown' in der Gruppe kann für den Gruppenprozeß positive (z.B. entspannende) oder negative (z.B. Probleme verdrängende) Funktionen erfüllen.

Nachwort: Was habe ich davon gehabt?

> Er sitzt am Schreibtisch, Tag und Nacht,
> muß schreiben, worüber die Menschheit lacht.
> Die Leute lachten früher viel mehr;
> Mensch, ist dieses Thema schwer!!
> Wo soll ich ihn suchen, den Humor?
> Er kommt nur noch so selten vor!
> Doch so schnell gebe *ich* nicht auf,
> ihr wißt doch:
> Ich hab's drauf!
>
> (Mir zugedachtes Weihnachtsgedicht)

Ursprünglich hatte ich vor, in diesem Nachwort all das Persönliche zu schreiben, was in meinem Buch nicht erwähnt ist. Ich wollte z.B. die Berge beschreiben, die ich jedesmal vor mir sah, wenn ich mich an die Erstellung eines neuen Kapitels setzte, und die ich sofort wieder vergaß, wenn dieses vollendet war und ich den neuen Berg des nächsten Kapitels vor Augen hatte. Solche unangenehmen Erinnerungen verflüchtigen sich aber schnell, und außerdem würden alle Nachwörter sehr ähnlich sein, wenn jeder Autor seine Schwierigkeiten darstellen würde (,Wo kämen wir denn da hin?'). So begnüge ich mich mit dem zum Motto dieses Nachworts gewählten Gedicht, das m.E. die Zeit, in der ich an meinem Buch schrieb, sowie einen Aspekt meines Charakters sehr treffend darstellt. Ich wende mich lieber dem Gewinn zu, den ich aus meiner Arbeit an dem Buch gezogen habe.

Ich habe nicht nur über den Humor viel gelernt. An diesem konkreten Thema habe ich z.B. viel über die Betrachtungsweise verschiedener philosophischer Schulen erfahren. Auch die Deutlichkeit, mit der sich die wissenschaftstheoretische Frage nach den Forschungsmethoden der Psychologie allein am Beispiel des Humors zeigt, war für mich sehr gewinnbringend. Insbesondere habe ich aber auf die Frage nach Sinn und Möglichkeiten des Humors in der Psychotherapie eine umfangreiche Antwort erhalten. Die vielen Überlegungen zu diesem Thema haben mich nachdenklich gestimmt. Wie ich mir schon mehrfach erlaubte zu bemerken, ist der Humor von keiner bestimmten therapeutischen Schule gepachtet. Vielmehr ist er eine übergreifende menschliche Eigenschaft, die es lange vor der Psycho-

141

therapie gab und diese sicher auch überleben würde, wenn es eines Tages keine Psychotherapie mehr geben sollte. Mir stellt sich nun die Frage, ob es solche menschlichen Qualitäten wie Humor oder Toleranz sind, die in Wirklichkeit (auf seiten des Therapeuten) den Erfolg einer Psychotherapie ausmachen, und nicht die von den verschiedenen therapeutischen Richtungen gepriesenen Techniken und Kunstgriffe. Die Bedeutung dieser Techniken ist mir zwar bewußt, aber ich persönlich meine, daß ich in einem sehr umfassenden Sinne noch viel über mich selbst und über den Menschen an sich lernen muß, um ein guter Therapeut zu werden. So glaube ich, bescheidener geworden zu sein: Für humorvoll halte ich mich (noch) nicht. Bescheidenheit gehört aber zum humorvollen Menschen, und so denke ich, daß ich mich auf dem Wege dorthin befinde.

Was bedeutet das für meine Praxis? Einen Aspekt möchte ich hervorheben: Ich neige oft dazu, Witze zu machen oder zu scherzen — manchmal als Therapeut, öfter im Alltag. Ich merke jetzt allerdings viel häufiger, was ich mit meinen Witzen bewirke: Es ist mir meist sehr deutlich, ob ich eigene Gefühle abwehre oder durch den Scherz eher befreie; und ob ich andere am Gespräch hindere oder fördernd wirke. Mit anderen Worten, meine Bewußtheit (‚awareness‘) für den Humor in meinem Leben und in meiner Umwelt ist enorm gewachsen. Ich glaube, daß ich eine lockere Atmosphäre mag. Deshalb möchte ich mein Buch mit der Darstellung eines Spiels beenden, von dem ich mir einbilde, es erfunden zu haben:

Wer einmal an einer Gruppentherapie teilgenommen hat, wird das ‚Blitzlicht‘ kennen, bei dem sich jeder Teilnehmer sein Gefühl zu einer bestimmten Situation überlegen und dann in einem Satz ausdrücken soll. Sehr lustig und entspannend wird es beim *Blitzlicht verkehrt*, wo jeder *genau das Gegenteil seines gegenwärtigen Gefühls* ausdrücken soll. Probieren Sie es mal, aber überlegen Sie erst, ob Sie Lust und Entspannung in der jeweiligen Situation auch wollen ...

Anmerkungen

Kap. 1

1   zit. nach Lauer 1974a, S. 74
2   Freud 1970b, S. 281
3   Brockhaus Enzyklopädie, Stichwort ‚Humor'
4   ebd.
5   Meyers Enzyklopädie, Stichwort ‚Humor'
6   Lauer 1974b, S. 40
7   ebd.
8   Mindess 1971, S. 10
9   Strotzka 1957, S. 597. Diese Vorstellung von Humor wird auch von Freud (1970a, 1970b), Dooley (1941), Keller (1966), Schimel (1978), Schmidt und Williams (1971), Kohut (1973, 1974) und anderen vertreten.

Kap. 2

1   Bateson 1953, S. 3
2   Watzlawick et al. 1969, S. 66
3   zit. nach Strotzka 1957, S. 601
4   Flugel 1954, S. 711

Kap. 3

1   Byrne 1961, S. 158
2   ebd., S. 159
3   Ermittelt durch Auszählung der Artikel zu diesem Thema in den entsprechenden Jahrgängen der „Psychological Abstracts"
4   siehe hierzu: Almack 1928, Roback 1943, Raley 1946, Redlich et al. 1951, O'Connell 1962
5   vgl. z.B. Cattell u. Luborsky 1946
6   vgl. Levine u. Redlich 1955
7   vgl. Stump 1939

8   vgl. Nussbaum u. Michaux 1963, Goldsmith 1979
9   Babad 1974
10 ebd. S. 618
11 ebd. S. 627f.; Hervorhebung durch den Verf.
12 ebd. S. 620
13 Strotzka 1976, S. 318
14 Rosenthal 1956, S. 282
15 Pustel et al. 1972, S. 69
16 Nussbaum u. Michaux 1963, S. 536

Kap. 4

1   Habermas 1968
2   Seiffert 1971, S. 2
3   ebd., S. 3
4   Graumann u. Métraux 1977, S. 30

Kap. 5

1   vgl. Graumann u. Métraux 1977, S. 31
2   Holzkamp 1972, S. 75
3   D. Dörner 1983
4   Dilthey 1968, S. 142
5   Husserl 1962, S. 142
6   Dilthey 1968, S. 172
7   Lahmann 1981, S. 137
8   Graumann u. Métraux 1977, S. 31
9   ebd., S. 32
10 Bergson 1920, S. 157
11 Seiffert 1971, S. 35
12 ebd., S. 24
13 Husserl 1962, S. 34
14 Habermas 1968
15 vgl. Seiffert 1971, S. 14ff.
16 Mc Leod 1964, S. 52
17 Schmeil 1980, S. 15
18 Mc Leod 1964, S. 52
19 vgl. hierzu Mc Leod 1964, S. 54 u. S. 65 sowie Rattner 1977, S. 63f.
20 Graumann u. Métraux 1977, S. 44
21 ebd., S. 46
22 Schmeil 1980, S. 44
23 ebd., S. 45

24 ebd., S. 52
25 Graumann u. Métraux 1977, S. 46
26 ebd., S. 45
27 Seiffert 1971, S. 26

Kap. 6

 1 Lauer 1974b, S. 98
 2 Camus 1959, S. 101
 3 Mishkinsky 1977, S. 363
 4 Mindess 1971, S. 10
 5 Lauer 1974b
 6 ebd., S. 123
 7 zit. nach Mishkinsky 1977, S. 358
 8 Mindess 1971, S. 10
 9 Lauer 1974b, S. 96
10 ebd.
11 ebd., S. 131
12 vgl. hierzu Bloch 1971, S. 123ff.

Kap. 7

 1 Freud 1970a
 2 Freud 1970b
 3 Browning 1977
 4 Freud 1970a, S. 212
 5 Freud 1970b, S. 278
 6 ebd. S. 277
 7 Freud 1970a, S. 212
 8 ebd., S. 213
 9 ebd., S. 213
10 ebd.
11 ebd., S. 214
12 ebd., S. 215
13 ebd., S. 216
14 Reik 1937, S. 23
15 Freud 1970b, S. 278
16 Freud, 1970a, S. 217
17 ebd.
18 Freud 1970b, S. 278
19 ebd., S. 279
20 ebd.

21 ebd., S. 280
22 ebd.
23 ebd., S. 281f.
24 ebd., S. 282
25 Jones 1962, S. 199
26 ebd., S. 474
27 Freud 1970a, S. 140
28 ebd., S. 219
29 vgl. Winterstein 1932; Bergler 1937; Dooley 1941; Grotjahn 1974, S. 36
30 vgl. Bergler 1937, S. 39
31 Strotzka 1976, S. 311
32 vgl. Bergler 1937, S. 39
33 vgl. Flugel 1954, S. 721
34 vgl. Rosenthal 1956, S. 304
35 vgl. Strotzka 1957, S. 603
36 vgl. Schimel 1978, S. 378
37 vgl. Simon 1977, S. 398f.
38 Mishkinsky 1977, S. 360f.
39 siehe hierzu Winterstein 1932, Dooley 1934 und 1941, Bergler 1937, Feld-
    mann 1941
40 Flugel 1954, S. 721
41 Strotzka 1957, S. 602f.
42 vgl. Roncoli 1974
43 Kubie 1971, S. 865
44 vgl. Rose 1969, Poland 1971
45 vgl. A. Freud 1980
46 vgl. Levine 1977, S. 133
47 vgl. Greenwald 1975, S. 116
48 vgl. Poland 1971, S. 635f.
49 Reik 1976, S. 300
50 vgl. Grotjahn 1974, S. 151f.
51 Grotjahn 1974, Rosen 1963
52 vgl. Freud 1970a, S. 159, Anm.
53 Poland 1971, Roncoli 1974
54 Roncoli 1974, S. 175
55 Mindess 1971
56 Greenwald 1975, S. 114
57 Burbridge 1978, S. 83
58 Greenwald 1975, S. 115
59 Rosen 1963, Roncoli 1974
60 Rosen 1963, S. 719
61 Roncoli 1974, S. 173
62 Mindess 1971, S. 11

Kap. 8

1   Adler, zit. nach Ansbacher 1975, S. 244
2   Rattner 1972, S. 40
3   Adler 1966, S. 221
4   ebd., S. 241
5   Adler, zit. nach Ansbacher 1975, S. 244
6   Adler 1927, S. 95
7   ebd.
8   Rattner 1980, S. 155
9   Rattner 1981, S. 31
10 Rom 1971, S. 18
11 Rom 1966, S. 157
12 vgl. Rattner 1980, S. 156
13 Adler 1927, S. 95
14 Rattner 1981, S. 30
15 vgl. Anmerkung 6
16 Rattner 1981, S. 30
17 Adler 1979, S. 37
18 Titze 1979, S. 321, Rattner 1979, S. 264
19 zit. nach Ansbacher 1975, S. 322
20 Rattner 1981, S. 31; vgl. auch Adler 1973, S. 179
21 Rattner 1981, S. 32
22 Olson 1976

Kap. 9

1   Levine 1969, S. 6
2   ebd., S. 7f.
3   vgl. Hickson 1977, S. 61
4   vgl. Berkowitz 1969, S. 110
5   vgl. Berlyne 1969, S. 807
6   ebd., S. 806
7   vgl. Ventis 1973
8   vgl. Smith 1973
9   s. hierzu v. Quekelberghe 1979, S. 22ff.
10 Ellis 1977
11 Walen et al. 1980, S. 31
12 ebd.
13. Ellis 1977. Es ist bemerkenswert, daß dieser Artikel zwar in die amerikani-
    sche Fassung des Handbook of Rational-Emotive Therapy (Ellis u. Grieger
    1977) aufgenommen, nicht aber in die deutsche Übersetzung übernommen
    wurde (Ellis u. Grieger 1979)!

14 Jaeggi 1979
15 Klein 1976
16 ‚Ellis the menace' bezieht sich auf eine amerikanische Comic-Figur: Dennis the menace.
17 Lutz 1983
18 Wittmann 1983, S. 93
19 ebd., S. 99, Hervorh. d.ü. Verf.
20 ebd., S. 98
21 ebd.
22 ebd., S. 104
23 ebd., S. 105

Kap. 10

1   Frankl 1975
2   Burbridge 1978
3   vgl. Rogers 1972, S. 451ff.
4   Epiktet, zit. nach Watzlawick et al. 1974, S. 119
5   vgl. Maier 1932, S. 69f.
6   Jaeggi 1981
7   Klein 1976
8   Burbridge 1978, S. 30
9   ebd., S. 26
10 Klein 1976
11 Burbridge 1978, S. 21f.
12 Klein 1976
13 Burbridge 1978, S. 47
14 ebd., S. 73
15 Klein 1976
16 Mindess 1971, S. 12. Siehe auch Mindess 1976
17 Grotjahn 1974, S. 155
18 Frankl 1975, S. 22
19 Ramirez, zit. nach Frankl 1975, S. 28
20 Sadiq, zit. nach Frankl 1975, S. 30
21 Frankl 1975, S. 25
22 vgl. Perls 1974, S. 124
23 Burbridge 1978, S. 110

Kap. 11

1   vgl. Emerson 1963
2   vgl. Berlyne 1969

3 Freud 1970a, S. 212
4 Coser 1959, S. 177
5 Lauer 1974a, S. 75
6 Emerson 1963, S. 12
7 Kaplan u. Boyd 1965, S. 513
8 Rapp 1947, S. 217
9 Mindess 1976, S. 337
10 Mindess 1971, S. 10
11 Bergson 1972
12 ebd. S. 12
13 ebd. S. 13
14 zit. nach Schmidt u. Williams 1971, S. 104
15 Burbridge 1978, S. 22
16 ebd.
17 vgl. Schmidt u. Williams 1971, S. 98
18 ebd., S. 103
19 vgl. Watzlawick et al. 1969, S. 53
20 Bateson 1953, S. 27
21 Levine u. Redlich 1955, S. 562
22 Emerson 1963, S. 537f.
23 vgl. z.B. Zwerling 1955
24 Grotjahn 1974, S. 154
25 Kane et al. 1977
26 Sperling 1953, S. 462
27 Rosenheim 1974, S. 589

Kap. 12

1 Coser 1959, S. 180
2 Bergson 1972, S. 13f.
3 Coser 1959, S. 178
4 ebd., S. 178f.
5 Kaplan u. Boyd 1965, S. 506
6 Coser 1959, S. 176
7 zit. nach Flugel 1954, S. 732
8 Emerson 1953, S. 48f.
9 vgl. Bateson 1953, S. 21
10 ebd., S. 29
11 Strotzka 1976, S.311
12 Grotjahn 1974, S. 153
13 s. hierzu Emerson 1963
14 Bergson 1972, S. 130

15 ebd., S. 21f.
16 Flugel 1954, S. 731
17 Coser 1959
18 Rapp 1947
19 zit. nach Friedell, S. 246
20 Levine 1969, S. 11
21 Strotzka 1957, S. 606
22 Bergson 1972, S. 21
23 Emerson 1963
24 Jeanson, zit. nach Coser 1959, S. 171f.
25 Fremont-Smith in: Bateson 1953, S. 21
26 Klapp 1950
27 ebd., S. 161
28 ebd., S. 162

Kap. 13

1 vgl. Biermann-Ratjen et al. 1979, S. 86

Bibliographie

Adler, A. (1927): Zusammenhänge zwischen Neurose und Witz. In: Intern. Zeitschr. f. Individualpsychologie 1927, Nr. 5, S. 94-96

Adler, A. (1966): Menschenkenntnis. Frankfurt am Main

Adler, A. (1973): Der Sinn des Lebens. Frankfurt am Main (Erstveröff. 1933)

Adler, A. (1979): Das Leben gestalten. Frankfurt am Main (Erstveröff. 1930)

Almack, J.C. (1928): Sense of Humor Test (Form 1). Cincinnati

Ansbacher, H.L. und Ansbacher, R.R. (1975[2]): Alfred Adlers Individualpsychologie. München, Basel 1975[2]

Babad, E.Y. (1974): A Multi-Method Approach to The Assessment of Humor: A Critical Look at Humor Tests. In: J. of Personality 1974 (Dec.), Vol 42(4), S. 618-631

Bateson, G. (1953): The Position of Humor in Human Communication. In: v. Foerster, H. (Hg.): Cybernetics. (Trans. of the 9th Conference, March 20-21, 1952). New York 1953

Bergler, E. (1937): A Clinical Contribution to the Psychogenesis of Humor. In: Psychoanal. Rev. 1937, Nr. 24, S. 34-53

Bergson, H. (1920): Zeit und Freiheit. Jena

Bergson, H. (1972): Das Lachen. Zürich (Erstveröff. 1899)

Berkowitz, L. (1969): Social Motivation. In: Lindzey u. Aronson 1969, S. 50-135

Berlyne, D.E. (1969): Laughter, Humor, and Play. In: Lindzey u. Aronson 1969, S. 795-852

Bierman-Ratjen, E.; Eckert, J.; Schwartz, H.J. (1979): Gesprächspsychotherapie. Stuttgart

Bloch, E. (1971): Über den Begriff Weisheit. In: ders.: Pädagogica, 1971, Frankfurt am Main

Brockhaus Enzyklopädie, Band 8 (H-Ik) Wiesbaden 1969

Browning, R. (1977): Why Not Humor? In: American Psychological Association Monitor, 8 (February 1977), S. 228-231

Burbridge, R.T. (1978): The Nature and Potential of Therapeutic Humor (Diss., California Inst. of Asian Studies, San Francisco)

Byrne, D. (1961): Some Inconsistencies in the Effect of Motivation Arousal on Humor Preferences. In: J. of Abn. Soc. Psychol., 1961, Nr. 62, S. 158-160

Camus, A. (1959): Der Mythos von Sisyphos. Hamburg

Cattell, R.B. und Luborsky, L.B. (1946): Measured Response to Humor as an Indicator to Personality Structure. In: American Psychologist, Vol. 1, S. 257-258

Chapman, A.J. u. Foot, H.C. (Hg.) (1976): Humour and Laughter, Theory, Research and Applications. London usw.

Chapman, A.J. u. Foot, H.C. (Hg.) (1977): It's a Funny Thing, Humour (The International Conference on Humour and Laughter, Cardiff, July 13th-17th, 1976), Oxford usw.

Coser, R,L. (1959): Some Social Functions of Laughter. In: Human Relations 1959, No. 12, S. 171-182

Coser, R.L. (1960): Laughter among Colleagues. In: Psychiatry 1960, Nr. 23, S. 81-89

Dewane, C.M. (1978) Humor in Therapy. In: Social Work 1978 (Nov.), Vol. 23(6), S. 508-510

Dilthey, W. (1968): Gesammelte Werke Bd. V. Stuttgart (Erstveröff. 1894)

Dörner, D. (1983): Empirische Psychologie und Alltagsrelevanz. In: Jüttemann, G. (Hg): Psychologie in der Veränderung. Weinheim 1983

Dooley, L. (1934): A Note on Humor. In: Psychoanal. Rev. 1934, Nr. 21, S. 49-58

Dooley, L. (1941): The Relation of Humor to Masochism. In: Psychoanal. Rev., 1941, Nr. 28, S. 30-36

Eidelberg, L. (1945): A Contribution to the Study of Wit. In: Psychoanal. Rev., 1945, Nr. 32, S. 33-61

Ellis, A. (1977): Fun as Psychotherapy. In: Rational Living 1977 (Spr.), Vol. 12(1), S. 2-6

Ellis, A. u. Grieger, R. (Hg.) (1977): Handbook of Rational-Emotive Therapy. New York. (Deutsch: Handbuch der Rational-Emotiven Therapie, München 1979)

Emerson, J.P. (1963): Social Functions of Humor in an Hospital Setting (Diss., Berkeley, California)

Encyclopaedia Britannica (1967), Vol. 11, Chicago usw.

Feldmann, S. (1941): A Supplement to Freud's Theory of Wit. In: Psychoanal. Rev. 1941, Nr. 28, S. 201-217

Flugel, J.C. (1954): Humour and Laughter. In: Lindzey, G. (Hg.): Handbook of Social Psychology, Vol. II, S. 709-734, Cambridge (Mass.) 1954

Frankl, V.E. (1975): Theorie und Therapie der Neurosen. München und Basel

Freud, A. (1980): Probleme der Technik in der Erwachsenenanalyse. In: Die Schriften der Anna Freud, Bd. 5, München (Erstveröff. 1954)

Freud, S. (1970a): Der Witz und seine Beziehung zum Unbewußten. In: Sigmund Freud, Studienausgabe Bd. IV, S. 9-220, Frankfurt am Main (Erstveröff. 1905)

Freud, S. (1970b): Der Humor. In: Sigmund Freud, Studienausgabe Bd. IV, S. 275-282. Frankfurt am Main (Erstveröff. 1927/28)

Friedell, E. (o.J.): Kulturgeschichte der Neuzeit. München

Goldsmith, L.A. (1979): Adaptive Regression, Humor, and Suicide. In: J. of Cons. and Clin. Psychol. 1979 (Jun), Vol. 47(3), S. 628-630

Graumann, F. und Métraux, A. (1977): Die phänomenologische Orientierung in der Psychologie. In: Schneewind, K.A. (Hg.): Wissenschaftstheoretische Grundlagen der Psychologie, München, Basel 1977

Grenwald, H. (1975): Humor in Psychotherapy. In: J. of Contemporary Psychotherapy, 1975 (Fal.) Vol. 7(2), S. 113-116

Greenwald, H. (1977): Humour in Psychotherapy. In: Chapman und Foot 1977, S. 161-164

Grotjahn, M. (1974): Vom Sinn des Lachens. München *P.'ilcioftel*e' ,

Habermas, J. (1968): Erkenntnis und Interesse. Frankfurt am Main

Hickson, J. (1977): Humor as an Element in the Counseling Relationship. In: Psychology, 1977 (Feb), Vol. 14(1), S. 60-68

Hoeffding, H. (1918): Humor als Lebensgefühl. Leipzig und Berlin 1918

Holzkamp, K. (1972): Kritische Psychologie. Frankfurt

Husserl, E. (1962): Phänomenologische Psychologie. Husserliana Bd. IX, Den Haag (Erstveröff. 1925)

Jaeggi, E. (1981): Nun seien Sie doch vernünftig! In: Psychologie heute, Jhrg. 8, Nr. 2, S. 30-36

Jones, E. (1962): Das Leben und Werk von Sigmund Freud. Band 3, Bern — Stuttgart

Kane, T.R.; Suls, J.M. und Tedeschi, J. (1977): Humour as a Tool of Social Interaction. In: Chapman und Foot (Hg.) (1977), S. 13-16

Kaplan, H.B. und Boyd, J.H. (1965): The Social Functions of Humor on an Open Psychiatric Ward. In: Psychiatric Quarterly 1965, Nr. 39(3), S. 502-515

Keller, W. (1966): Humor, Ironie, Sarkasmus. In: Heilpädagogische Werkblätter, 1966, 35(2), S. 62-65

Klapp, O. (1950): The Fool as a Social Type. In: Amer. J. of Sociol., 1950, 55, S. 157-162

Klein, J.P. (1976): Rationality and Humour in Counseling. In: Canad. Counsellor, 1976 (Oct.), Vol. 11(1), S. 28-32

Kohut, H. (1973): Narzißmus. Frankfurt am Main

Kohut, H. (1974): Die Zukunft der Psychoanalyse. Frankfurt am Main

Kubie, L.S. (1970): The Destructive Potential of Humor in Psychotherapy. In: Amer. J. of Psychiatry, 1970 (Jan.), Vol. 127(7), S. 861-866

Lahmann, F. (1981): Unsere Ängste und ihre Ursachen. München und Basel

Lauer, W. (1974a): Ich-Funktionen und Humor. In: Schicksalsanalyt. Beitr. z. Psychopath.; Bd. 1 der Ber. über d. VI. Koll. d. Int. Forschungsgem. f. Schicksalspsychol. (Beih. Nr. 57 zur Schweiz. Zeitschr. f. Psychol.)

Lauer, W. (1974b): Humor als Ethos. Eine moralpsychologische Untersuchung. Bern, Stuttgart, Wien

Levine, J. (Hg.) (1969): Motivation in Humor. New York

Levine, J. (1977): Humour As a Form of Therapy. In: Chapman und Foot 1977, S. 127-138

Levine, J. und Redlich, F.C. (1955): Failure to Understand Humor. In: Psychoanal. Quarterly, 24, S. 560-572

Lindzey, G. und Aronson, E. (Hg.) (1969): The Handbook of Social Psychology, 2nd Edition, Vol. 3, Reading, Mass. usw.

Lutz, R. (Hg.((1983): Genuß und Genießen — Zur Psychologie des genußvollen Erlebens und Handelns. Weinheim und Basel

Maier, N.R.F. (1932): A Gestalt Theory of Humour. In: Brit. J. of Psychology 1932 (33), Nr. 23, S. 69-74

McLeod, R.B. (1964): Phenomenology: A Challenge to Experimental Psychology. In: Wann, T.W. (Ed.): Behaviorism and Phenomenology, Chicago 1964

Meyers Enzyklopädisches Lexikon, 9. Aufl., Band 12 (Hf-Iz) Wiesbaden 1974

Mindess, H. (1971): The Sense in Humor. In: Saturday Review 1971, Vol. 54, No. 34 (Aug. 21), S. 10-12

Mindess, H. (1976): The Use and Abuse of Humour in Psychotherapy. In: Chapman und Foot 1976

Mishkinsky, M. (1977): Humour as a „Courage Mechanism". In: Israel Annals of Psychiatry & Related Disciplines, 1977 (Dec.), Vol. 15(4), S. 352-363

Nussbaum, R. und Michaux, N.W. (1963): Response to Humor in Depression: A Predictor and Evaluator of Patient Change? In: Psychiatric Quart., 1963, Nr. 37(3), S. 527-539

O'Connell, W.E. (1962): An Item Analysis of The Wit and Humor Appreciation Test. In: J. of Social Psychol., Vol. 56, S. 271-276

Olson, H.A. (1976): The Use of Humor in Psychotherapy. In: Individual Psychologist, 1976 (May), Vol. 13(1), S. 34-37

Perls, F.S. (1976): Grundlagen der Gestalt-Therapie. München

Poland, W.S. (1971): The Place of Humor in Psychotherapy. In: Amer. J. of Psychiatry, 1971 (Nov.), Vol. 128(5), S. 635-637

Pustel, G.; Sternlicht, M. und Siegel, L. (1972): The Psychodynamics of Humor, as Seen in Institutionalized Retardates. In: J. of Psychol., 1972 (Jan.), Vol. 80(1), S. 69-73

van Quekelberghe, R. (Hg.) (1979): Modelle kognitiver Therapien. München, Wien, Baltimore.

Raley, A.L. (1946): A Psychometric Study of Humor. In: American Psychologist, Vol. 1, S. 265

Rapp, A. (1947): Toward an Eclectic and Multilateral Theory of Laughter and Humor. In: J. of gen. Psychol. 1947, Nr. 36, S. 207-219

Rattner, J. (1972): Alfred Adler. Reinbek

Rattner, J. (1977): Verstehende Tiefenpsychologie. Berlin

Rattner, J. (1979): Viktor E. Frankl. In: Josef Rattner (Hg.): Pioniere der Tiefenpsychologie. Wien, München, Zürich

Rattner, J. (1980): Alfred Adler als geistige Gestalt. In: Jahrbuch für verstehende Tiefenpsychol. und Kulturanalyse Nr. 1/1981. Wien, München, Zürich

Rattner, J. (1981): Psychotherapie und Humor. In: Miteinander leben lernen, 6. Jhrg., Nr. 1, Januar 1981

Redlich, F.C.; Levine, J. und Sohler, T.P. (1951): A Mirth Response Test. In: Amer. J. of Orthopsychiatry, Vol. 21, S. 717-731

Reik, Th. (1937): Das Kind im Manne. In: Imago, Leipzig 1937, Nr. 23, S. 14-23

Reik, Th. (1976): Hören mit dem dritten Ohr. Hamburg

Roback, A.A. (1943): Sense of Humor Test. Cambridge, Mass.

Rogers, C.R. (1972): Die klientenzentrierte Gesprächspsychotherapie. München

Rom, P. (1966): Alfred Adler und die wissenschaftliche Menschenkenntnis. Frankfurt am Main

Rom, P. (1971): The Misery of Perfectionism. In: Individual Psychologist, VII, No. 1, S. 18

Roncoli, M. (1974): Bantering: A Therapeutic Strategy With Obsessional Patients. In: Perspectives in Psychiatric Care, 1974 (Oct.-Dec.), Vol. 12(4), S. 171-175

Rose, G.J. (1969): King Lear and the Use of Humor in Treatment. In: J. of the Amer. Psychoanal. Assoc., Vol. 17, S. 927

Rosen, U.H. (1963): Variants of Comic Caricature and Their Relationship to Obsessive-Compulsive Phenomena. In: J. of the Amer. Psychoanal. Assoc., 1963, Nr. 11(4), S. 704-724

Rosenheim, E. (1974): Humor in Psychotherapy: An Interactive Experience. In: Amer. J. of Psychotherapy, 1974 (Oct.), Vol. 28(4), S. 584-591

Rosenthal, R.A. (1956): To Tame a Fox. In: Amer. Imago 1956, Nr. 13, S. 269-306

Schachter, S. und Wheeler, J. (1962): Epinephrine, Chlorpromazine and Amusement. In: J. of Abn. Social Psychol., 1962, 65, S. 121-128

Schimel, J.L. (1978): The Function of Wit and Humor in Psychoanalysis. In: J. of the Amer. Acad. of Psychoanalysis, 1978 (Jul.), Vol. 6(3), S. 369-379

Schmeil, A. (1980): Daseinsanalyse statt Psychoanalyse? (Diplomarbeit, Psychol. Inst. der FU, unveröffentl.)

Schmidt, H.E. und Williams, D.I. (1971): The Evolution of Theories of Humour. In: J. of Behav. Science, 1971, Vol. 1(3), S. 95-106

Seiffert, H. (1971[3]): Einführung in die Wissenschaftstheorie Bd. 2. München

Simon, R.K. (1977): Freuds Concepts of Comedy and Suffering. In: Psychoanal. Rev. 1977 (Fal.), Vol. 64(3), S. 391-407

Smith, R.E. (1973): The Use of Humor in the Counterconditioning of Anger Responses: A Case Study. In: Behavior Therapy 1973 (Jul.), Vol. 4(4), S. 576-580

Sperling, S.J. (1953): On the Psychodynamics of Teasing. In: J. of the Amer. Psychoanal. Assoc. 1953(1), S. 458-483

Stephenson, R.M. (1951): Conflict and Control Function of Humor. In: Amer. J. of Sociol., 1951 (May) (56), S. 569-574

Strotzka, H. (1957): Versuch über den Humor. In: Psyche, Heidelberg, 1957, Nr. 10, S. 597-609

Strotzka, H. (1976): Witz und Humor. In: Eicke, D. (Hg.): Die Psychologie des XX. Jahrh., Band II: Freud und die Folgen (1). Zürich

Stump, N.F. (1939): Sense of Humor and its Relationship to Personality, Scholastic Aptitude, Emotional Maturity, Height and Weight. In: J. of gen. Psychol., 1939, Nr. 20, S. 25-32

Titze, M. (1979): Lebensziel und Lebensstil. München

Ventis, W.L. (1973): Case History: The Use of Laughter as an Alternative Response in Systematic Desensitization. In: Behavior Therapy 1973 (Jan.), Vol. 4(1), S. 120-122

Walen, S.R.; di Giuseppe, R. und Wessler, R.L. (1980): A Practitioners Guide to Rational-Emotive Therapy. New York

Watzlawick, P.; Beavin, J.H. und Jackson, Don D. (1969): Menschliche Kommunikation. Bern, Stuttgart, Wien

Watzlawick, P.; Weakland, J.H. und Fisch, R. (1974): Lösungen. Bern, Stuttgart, Wien

Winterstein, A. (1932): Beiträge zum Problem des Humors. In: Psychoanalytische Bewegung, 1932, Heft 4, S. 513-525, Wien

Wittman, L. (1983): Lachen in der Psychotherapie. In: Lutz 1983, S. 90-107

Zwerling, I. (1955): The Favorite Joke in Diagnostic and Therapeutic Interviewing. In: Psychoanalytic Quarterly, 1955(24), S. 104-114

Bernard Weiner

MOTIVATIONS-PSYCHOLOGIE

Aus dem Amerikanischen.
1984. 378 Seiten mit zahlr.
Tab. und Abb. Lam.
Pappband DM 44,–
(54658)

Dieses Buch gibt einen Überblick über die wichtigsten Theorien der Motivation. Neben den heute vor allem historisch bedeutsamen Theorien von Freud und Hull werden u. a. die Erwartungmal-Wert-Theorien von Lewin, Rotter und Atkinson sowie motivationstheoretische Ansätze der humanistischen Psychologie (Rogers, Maslow) ausführlich erörtert. Einen besonderen Schwerpunkt des Buches stellt schließlich der attributionstheoretische Ansatz in der Motivationsforschung dar; in diesem Zusammenhang gibt der Autor eine umfassende Darstellung seiner eigenen attributiona-

len Motivationstheorie. In einem abschließenden Kapitel werden die verschiedenen Theorien miteinander kontrastiert und auf ihre Gemeinsamkeiten und Unterschiede hin analysiert.
Aufgrund seines klaren Aufbaus und der didaktisch hervorragenden Präsentation des Materials ist dieses Einführungs- und Grundlagenwerk sowohl für fortgeschrittene Studienanfänger in Psychologie und Pädagogik geeignet als auch für Studenten höherer Semester und Vertreter von Nachbardisziplinen, die sich auf dem Gebiet der Motivationsforschung einarbeiten wollen.

Stephen G. West /
Robert A. Wicklund

EINFÜHRUNG IN SOZIAL-PSYCHOLOGISCHES DENKEN

Aus dem Amerikanischen.
1984. Ca. 270 Seiten. Lam.
Pappband DM 39,80
(54662)

Dieses Lehrbuch wurde bewußt als Alternative zu traditionellen sozialpsychologischen Einführungswerken konzipiert. Es soll den Leser vor allem an die spezifischen Denk- und Argumentationsweise der Sozialpsychologie heranführen und ihn zu selbständiger und theoriekritischer Hypothesenbildung befähigen. Die Autoren haben deshalb auf eine enzyklopädische Aneinanderreihung empirischer Forschungsergebnisse verzichtet und sich statt dessen auf das Wesentliche, nämlich auf die zugrunde liegenden theoretischen Konzeptionen beschränkt. Das Buch wird da-

durch jedoch keineswegs abstrakt und »theoretisierend«. Es ist den Autoren vielmehr gelungen, die wichtigsten sozialpsychologischen Theorien außerordentlich lebendig und alltagsnah darzustellen und anhand ganz konkreter Beispiele ihre Praxisrelevanz deutlich zu machen. So entstand eine Anleitung zu selbständigem sozialpsychologischem Denken, die dem Studierenden durch ihre Einfachheit und Anschaulichkeit den Zugang zu den mit Recht oft als allzu abstrakt empfundenen Theoriegebäuden erheblich erleichtert.

Beltz Verlag, Postfach 11 20, 6940 Weinheim

84021-25.9.-78/79

Das umfassendste und aktuellste Nachschlagewerk zur modernen Psychotherapie

Handbuch der Psychotherapie

Raymond J. Corsini (Hrsg.)
Handbuch der Psychotherapie
(Handbook of Innovative Psychotherapies). Aus dem Englischen. Herausgeber der Deutschen Ausgabe: Gerd Wenninger. 1983. 1548 Seiten in 2 Bänden. Leinen mit Schutzumschlag im Schuber. DM 240,–
ISBN 3-407-83057-2
Die Zahl psychotherapeutischer Methoden und Techniken ist in den vergangenen zwei Jahrzehnten so enorm gestiegen, daß auch Fachleuten ein Überblick kaum noch möglich ist.
Das ganze Spektrum unterschiedlicher, ja gegensätzlicher und nicht selten »exotisch« anmutender Therapieformen erstmals verfügbar gemacht zu haben – das ist das Verdienst dieses in den USA erschienenen Handbuchs. In bearbeiteter und ergänzter Fassung ist es nunmehr auch dem deutschen Leser zugänglich.
92 Autoren haben insgesamt 68 therapeutische Verfahrensweisen aus eigener praktischer Erfahrung dargestellt. Psychotherapeuten, Psychologen, Berater, Sozialarbeiter und andere im psychosozialen Bereich Tätige finden so im HANDBUCH DER PSYCHOTHERAPIE eine Fülle theoretischer und vor allem praktischer Anregungen. Darüber hinaus – und nicht zuletzt – kann nun auch die kritische Auseinandersetzung mit dem, was man heute etwas pauschal als »Psychoboom« bezeichnet, konkreter geführt werden.

Über die Herausgeber:
Raymond J. Corsini, Professor an der University of Hawaii, seit 1955 Psychotherapeut. Viele psychologische und psychotherapeutische Veröffentlichungen, mehrfacher wissenschaftlicher Preisträger. Gerd Wenninger, Dr., Dipl.-Psych., Lehrstuhl für Psychologie der TU München.

Mit Beiträgen u. a. von:
George R. Bach, Paul Bindrim, Daniel M. Casriel, Ruth Cohn, Arnold P. Goldstein, Heinrich und Ute Hagehülsmann, Joseph T. Hart, S. O. Hoffmann, James R. Iberg, Eva Jaeggi, Bernd H. Keßler, Arnold A. Lazarus, Grete Leutz, Lew Losoncy, Carl R. Rogers, John N. Rosen, Andrew Salter, Joseph E. Shorr, Everett L. Shostrom, Hugh A. Storrow, Robert W. Zaslow.

BELTZ

Beltz Verlag, Postfach 1120, 6940 Weinheim
Verlag Beltz Basel, Postfach 2346, 4002 Basel

Inhalt des Werkes:
Aktualisierungstherapie, Aqua-Energetik, Autogenes Training, Bioenergetik, Biofeedback, Direkte Psychoanalyse, Eidetische Psychotherapie, Entspannungsprogramm, Ermutigungstherapie, Feministische Therapie, Fixed-Role-Therapie, Focusing, Funktionale Psychotherapie, Gestalttherapie, Holistische Erziehung, Hypnotherapie, Impasse-Priority-Therapy, Individualpsychologie, Integrative Therapie, Integritätsgruppen, Katathymes Bilderleben, Klientenzentrierte Psychotherapie, Körpertherapie, Kognitive Verhaltenstherapie, Konfrontative Therapie, Kreative Aggression, Krisenmanagement, Kunsttherapie, Kurztherapie, Mainstreaming, Meditation, Morita-Therapie, Multimodale Therapie, Multiple Familientherapie, Musiktherapie, Mutual-Need-Therapie, Naikan-Therapie, Neubewertendes Counseling, New-Identity-Prozeß, Nichtdirektive Psychoanalyse, Orgontherapie, Personal-Construct-Therapie, PLISSIT-Modell, Poesietherapie, Primärbeziehungstherapie, Primärtherapie, Provokative Therapie, Psychoanalyse, Psychodrama, Psychoimaginationstherapie, Psychosynthese, Radikale Psychiatrie, Radix-Gefühlserziehung, Rational-emotive Therapie, Rebirthing, Recall-Therapie, Selbssicherheitstraining, Sexualtherapie, Social-Influence-Therapie, Streßmanagement, Strukturierte Lerntherapie, Tanztherapie, Themenzentrierte Interaktion, Transaktions-Analyse, Transzendenztherapie, Triadisches Counseling, Verbale Verhaltenstherapie, Verhaltenstherapie, Vierundzwanzig-Stunden-Therapie, Z-Prozeß-Beziehungstherapie